中华人民共和国行业标准　　　　　　　　　　　JTG B01—2014

公路工程技术标准

Technical Standard of Highway Engineering

2014-09-30 发布　　　　　　　　　　　　　2015-01-01 实施

中华人民共和国交通运输部发布

中华人民共和国行业标准

公路工程技术标准

Technical Standard of Highway Engineering

JTG B01—2014

主编单位：交通运输部公路局
　　　　　中交第一公路勘察设计研究院有限公司
批准部门：中华人民共和国交通运输部
实施日期：2015 年 01 月 01 日

人民交通出版社股份有限公司

律师声明

本书所有文字、数据、图像、版式设计、插图等均受中华人民共和国宪法和著作权法保护。未经人民交通出版社股份有限公司同意,任何单位、组织、个人不得以任何方式对本作品进行全部或局部的复制、转载、出版或变相出版。

任何侵犯本书权益的行为,人民交通出版社股份有限公司将依法追究其法律责任。

有奖举报电话:(010)85285150

北京市星河律师事务所
2014 年 11 月 18 日

图书在版编目(CIP)数据

公路工程技术标准:JTG B01—2014 / 交通运输部公路局,中交第一公路勘察设计研究院有限公司主编. —北京:人民交通出版社股份有限公司,2014.12
ISBN 978-7-114-11814-2

Ⅰ. ①公… Ⅱ. ①交… ②中… Ⅲ. ①道路施工—技术标准—中国 Ⅳ. ①U415.1—65

中国版本图书馆 CIP 数据核字(2014)第 249214 号

标准类型:中华人民共和国行业标准
标准名称:公路工程技术标准
标准编号:JTG B01—2014
主编单位:交通运输部公路局
　　　　　中交第一公路勘察设计研究院有限公司
责任编辑:吴有铭　刘　涛　李　农
出版发行:人民交通出版社股份有限公司
地　　址:(100011)北京市朝阳区安定门外外馆斜街 3 号
网　　址:http://www.ccpress.com.cn
销售电话:(010)59757973
总 经 销:人民交通出版社股份有限公司发行部
经　　销:各地新华书店
印　　刷:北京市密东印刷有限公司
开　　本:880×1230　1/16
印　　张:8
字　　数:173 千
版　　次:2014 年 12 月　第 1 版
印　　次:2014 年 12 月　第 1 次印刷
书　　号:ISBN 978-7-114-11814-2
定　　价:98.00 元

(有印刷、装订质量问题的图书,由本公司负责调换)

中华人民共和国交通运输部

公 告

第 51 号

交通运输部关于发布
《公路工程技术标准》的公告

现发布《公路工程技术标准》(JTG B01—2014)，作为公路工程行业标准，自 2015 年 1 月 1 日起施行，原《公路工程技术标准》(JTG B01—2003) 及其英文版和法文版同时废止。

《公路工程技术标准》(JTG B01—2014) 由交通运输部公路局与中交第一公路勘察设计研究院有限公司共同编制。标准的管理权和解释权归交通运输部，日常解释和管理工作由交通运输部公路局负责。

请各有关单位注意在实践中总结经验，及时将发现的问题和修改建议函告交通运输部公路局（地址：北京市建国门内大街 11 号，邮政编码：100736），以便修订时研用。

特此公告。

中华人民共和国交通运输部
2014 年 9 月 30 日

交通运输部办公厅　　　　　　　　　　　　　　　2014 年 10 月 8 日印发

前 言

为适应公路交通事业的发展，交通运输部于 2011 年初以交公便字〔2011〕3 号通知，安排对《公路工程技术标准》（JTG B01—2003）（以下简称《标准》03 版）进行修订。修订工作由交通运输部公路局和中交第一公路勘察设计研究院有限公司负责，交通运输部公路科学研究院和中交第二公路勘察设计研究院有限公司参加，同时得到了各省（市、自治区）交通运输厅及相关单位的大力支持和配合。

本次《标准》修订工作，系统总结了《标准》03 版施行以来我国公路建设的经验，在充分吸收近年来公路行业科研成果的基础上，有针对性地开展了 13 项专题支撑科研项目，并参考借鉴了国外发达国家的相关标准和先进技术。《标准》修订工作始终坚持面向需求、面向世界、面向未来的标准化工作方针，全面体现"综合交通、智慧交通、绿色交通、平安交通"的发展要求，坚持"先进理念、系统管理、经济可靠、有效实施"的工作原则，并结合我国公路交通事业发展的现状和趋势，在强调安全、保护环境、节约资源的前提下，突出公路及其设施的功能在确定技术标准和指标中的主导作用。修订后的《标准》对于促进公路交通事业发展、构建完善合理的路网结构和"两个公路体系"建设、提高公路网服务水平具有重要的指导作用。

修订后《标准》分为 10 章，《标准》修订增加了公路改扩建、特殊地区高速公路、运行速度、非机动车和行人密集路段、设计年限、安全性评价、救灾通道等方面的规定和要求；调整和补充了桥梁荷载、路基设计洪水频率、节能环保、干线公路交通工程、乡村公路交叉等方面的规定；调整了公路适应交通量、车辆折算系数、交通量预测年限、服务水平分级、路基横断面宽度、纵坡、桥梁减宽、隧道断面及进出口线形、交通工程分类及建筑设施年限等方面的规定。

请各有关单位在执行过程中，将发现的问题和意见，函告交通运输部公路局（地址：北京市建国门内大街 11 号；邮编：100736；电话：010-65292718；传真：010-65292276）或中交第一公路勘察设计研究院有限公司（地址：西安市科技二路 63 号；邮编：710075；电话：029-88322888-8802；E-mail：BZXD@ccroad.com.cn），以便下次修订时参考。

主 编 单 位：交通运输部公路局
　　　　　　　中交第一公路勘察设计研究院有限公司
参 编 单 位：交通运输部公路科学研究院
　　　　　　　中交第二公路勘察设计研究院有限公司

主　　　编：霍　明　李春风
主要参编人员：周荣贵　廖朝华　郭腾峰　孟书涛　张劲泉
　　　　　　　余培玉　韩常领　孙芙灵　王　蒙　汪　晶

目　次

1 总则 ··· 1
2 术语 ··· 3
3 基本规定 ·· 5
　3.1 公路分级 ·· 5
　3.2 设计车辆 ·· 5
　3.3 交通量 ·· 6
　3.4 服务水平 ·· 6
　3.5 速度 ·· 7
　3.6 建筑限界 ·· 8
　3.7 抗震 ·· 10
4 路线 ··· 11
5 路基路面 ··· 17
6 桥涵 ··· 21
7 汽车及人群荷载 ··· 25
8 隧道 ··· 29
9 路线交叉 ··· 33
　9.1 公路与公路平面交叉 ·· 33
　9.2 公路与公路立体交叉 ·· 34
　9.3 公路与铁路相交叉 ·· 35
　9.4 公路与乡村道路相交叉 ·· 35
　9.5 公路与管线等相交叉 ·· 36
　9.6 动物通道 ·· 37
10 交通工程及沿线设施 ··· 39
　10.1 一般规定 ·· 39
　10.2 交通安全设施 ·· 39
　10.3 服务设施 ·· 41
　10.4 管理设施 ·· 41
附录 A　公路服务水平分级 ·· 45
附录 B　货车停车视距、识别视距 ·· 49
本标准用词说明 ··· 51
附件　《公路工程技术标准》（JTG B01—2014）条文说明 ········· 53

— 1 —

1 总则	55
3 基本规定	59
4 路线	69
5 路基路面	83
6 桥涵	89
7 汽车及人群荷载	95
8 隧道	101
9 路线交叉	107
10 交通工程及沿线设施	115

1 总则

1.0.1 为规范公路工程建设，制定本标准。

1.0.2 本标准适用于新建和改扩建公路。

1.0.3 公路建设应按地区特点、交通特性、路网结构综合分析确定公路的功能，根据功能结合交通量、地形条件等选用技术等级和主要技术指标。

1.0.4 公路建设项目应做好总体设计，使主体工程与交通工程及沿线设施相互协调配套，充分发挥各自功能和项目的整体功能。

1.0.5 公路建设应贯彻保护耕地、节约用地的原则，在确定公路用地范围时应符合下列规定：
  1 公路用地范围为公路路堤两侧排水沟外边缘（无排水沟时为路堤或护坡道坡脚）以外，或路堑坡顶截水沟外边缘（无截水沟为坡顶）以外不小于1m范围内的土地；在有条件的地段，高速公路、一级公路不小于3m，二级公路不小于2m范围内的土地为公路用地范围。
  2 在风沙、雪害、滑坡、泥石流等不良地质地带设置防护、整治设施时，以及在膨胀土、盐渍土等特殊土地带采取处治措施时，应根据实际需要确定用地范围。
  3 桥梁、隧道、互通式立体交叉、分离式立体交叉、平面交叉、安全设施、服务设施、管理设施、绿化以及其他线外工程等用地，应根据实际需要确定用地范围。

1.0.6 公路建设必须执行国家环境保护和资源节约的法律法规，并应符合下列规定：
  1 公路环境保护应贯彻"保护优先、以防为主、以治为辅、综合治理"的原则。
  2 公路建设应根据自然条件进行绿化、美化路容、保护环境。
  3 高速公路，一、二级公路和有特殊要求的公路建设项目应作环境影响评价和水土保持方案评价。
  4 生态环境脆弱地区，或因公路建设可能造成环境近期难以恢复的地带，应作环境保护设计。
  5 公路改扩建项目应充分利用公路废旧材料，节约工程建设资源。

1.0.7 公路分期修建必须遵照统筹规划、分期实施的原则进行总体设计，并应符合下列规定：

1　前期工程应在后期仍能充分利用。

2　高速公路整体式断面路段不得横向分幅分期修建。

3　高速公路分离式断面路段可采用分幅分期修建，先期建成的一幅按双向交通通车时，应按二级公路通车条件进行管理。

1.0.8 公路改扩建时，应对改扩建方案和新建方案进行论证比选。采用改扩建方案时，应符合下列规定：

1　公路改扩建时机应根据实际服务水平论证确定，高速公路、一级公路服务水平宜在降低到三级服务水平下限之前，二、三级公路服务水平宜在降低到四级服务水平下限之前，四级公路可根据具体情况确定。

2　利用现有公路局部路段因地形地物限制，提高设计速度将诱发工程地质病害、大幅增加工程造价或对保护环境、文物有较大影响时，该局部路段的设计可维持原设计速度，但其长度高速公路不宜大于15km，一、二级公路不宜大于10km。

3　高速公路改扩建应在进行交通组织设计、交通安全评价等基础上做出具体实施方案设计。在工程实施中，应减少对既有公路的干扰，并应有保证通行安全措施。维持通车路段的服务水平可降低一级，设计速度不宜低于60km/h。

4　一、二、三级公路改扩建时，应作保通设计方案。

5　沙漠、戈壁、草原等小交通量地区的高速公路分离式断面路段利用现有二级公路改建为一幅时，其设计洪水频率可维持原标准不变，设计速度不宜大于80km/h。

1.0.9 非机动车、行人密集路段宜考虑非机动车和行人等的交通需求，可根据交通组成情况设置非机动车道和人行道。

1.0.10 二级及二级以上的干线公路应在设计时进行交通安全评价，其他公路在有条件时也可进行交通安全评价。

1.0.11 有救灾通道功能需求的二级及二级以下公路，可相应提高抗震及设计洪水频率标准。

1.0.12 公路建设项目，应根据设计使用年限综合考虑建设、养护、管理等成本效益和安全、环保、运营等社会效益，选用综合效益最佳方案。

2 术语

2.0.1 公路改扩建 highway reconstruction & extension

在现有公路的基础上，为提高技术等级、通行能力或改善技术指标而进行的公路建设工程，包括公路的改建、扩建等。

2.0.2 公路功能 highway function

公路在路网中为车辆出行提供畅通直达、汇集疏散和出入通达的交通服务能力。主要干线公路和次要干线公路具有畅通直达的功能，主要集散公路和次要集散公路具有汇集疏散的功能，支线公路具有出入通达的功能。

2.0.3 设计速度 design speed

确定公路设计指标并使其相互协调的设计基准速度。

2.0.4 运行速度 operating speed

路面平整、潮湿，自由流状态下，行驶速度累计分布曲线上对应于85%分位值的速度。

2.0.5 限制速度 posted speed limit

对公路上行驶车辆规定的允许行驶速度的限值。

2.0.6 设计车辆 design vehicle

公路几何设计所采用的代表车型，其外廓尺寸、载质量和动力性能是确定公路几何参数的主要依据。

2.0.7 设计通行能力 design traffic capacity

相应设计服务水平下，公路设施通过车辆的最大小时流率。

2.0.8 服务水平 level of service

驾驶员感受公路交通流运行状况的质量指标，通常用平均行驶速度、行驶时间、驾驶自由度和交通延误等指标表征。

2.0.9 避险车道　evacuation/escape lane

在行车道外侧增设的、供制动失效车辆驶离、减速停车、自救的专用车道。

2.0.10 硬路肩　hard shoulder

与行车道相连，具有一定路面强度的带状部分。主要用于：为行车提供侧向余宽，为路面结构提供横向保护，为故障车辆紧急停车提供全部或者部分宽度等。

2.0.11 设计使用年限　design working/service life

在正常设计、正常施工、正常使用和正常养护条件下，路面、桥涵、隧道结构或结构构件不需进行大修或更换，即可按其预定目的使用的年限。

2.0.12 电子不停车收费　electronic toll collection

利用车辆自动识别技术实现不停车收费的全电子收费方式，简称ETC。

3 基本规定

3.1 公路分级

3.1.1 公路分为高速公路、一级公路、二级公路、三级公路及四级公路等五个技术等级。

1 高速公路为专供汽车分方向、分车道行驶，全部控制出入的多车道公路。高速公路的年平均日设计交通量宜在15 000辆小客车以上。

2 一级公路为供汽车分方向、分车道行驶，可根据需要控制出入的多车道公路。一级公路的年平均日设计交通量宜在15 000辆小客车以上。

3 二级公路为供汽车行驶的双车道公路。二级公路的年平均日设计交通量宜为5 000~15 000辆小客车。

4 三级公路为供汽车、非汽车交通混合行驶的双车道公路。三级公路的年平均日设计交通量宜为2 000~6 000辆小客车。

5 四级公路为供汽车、非汽车交通混合行驶的双车道或单车道公路。双车道四级公路年平均日设计交通量宜在2 000辆小客车以下；单车道四级公路年平均日设计交通量宜在400辆小客车以下。

3.1.2 公路技术等级选用应遵循下列原则：

1 公路技术等级选用应根据路网规划、公路功能，并结合交通量论证确定。
2 主要干线公路应选用高速公路。
3 次要干线公路应选用二级及二级以上公路。
4 主要集散公路宜选用一、二级公路。
5 次要集散公路宜选用二、三级公路。
6 支线公路宜选用三、四级公路。

3.2 设计车辆

3.2.1 公路设计所采用的设计车辆外廓尺寸规定如表3.2.1。

表 3.2.1 设计车辆外廓尺寸

车 辆 类 型	总长（m）	总宽（m）	总高（m）	前悬（m）	轴距（m）	后悬（m）
小客车	6	1.8	2	0.8	3.8	1.4
大型客车	13.7	2.55	4	2.6	6.5 + 1.5	3.1
铰接客车	18	2.5	4	1.7	5.8 + 6.7	3.8
载重汽车	12	2.5	4	1.5	6.5	4
铰接列车	18.1	2.55	4	1.5	3.3 + 11	2.3

注：铰接列车的轴距（3.3 + 11）m：3.3m 为第一轴至铰接点的距离，11m 为铰接点至最后轴的距离。

3.3 交通量

3.3.1 新建和改扩建公路项目的设计交通量预测应符合下列规定：

1 高速公路和一级公路设计交通量预测年限为 20 年；二、三级公路设计交通量预测年限为 15 年；四级公路可根据实际情况确定。

2 设计交通量预测年限的起算年为该项目可行性研究报告中的计划通车年。

3.3.2 交通量换算采用小客车为标准车型。各汽车代表车型及车辆折算系数规定如表 3.3.2。拖拉机和非机动车等交通量换算应符合下列规定：

表 3.3.2 各汽车代表车型及车辆折算系数

汽车代表车型	车辆折算系数	说 明
小客车	1.0	座位≤19 座的客车和载质量≤2t 的货车
中型车	1.5	座位>19 座的客车和 2t<载质量≤7t 的货车
大型车	2.5	7t<载质量≤20t 的货车
汽车列车	4.0	载质量>20t 的货车

1 畜力车、人力车、自行车等非机动车按路侧干扰因素计。

2 公路上行驶的拖拉机每辆折算为 4 辆小客车。

3 公路通行能力分析所要求的车辆折算系数应针对路段、交叉口等形式，按不同的地形条件和交通需求，采用相应的折算系数。

3.3.3 公路设计小时交通量宜采用年第 30 位小时交通量，也可根据项目特点与需求，在当地年第 20~40 位小时交通量之间取值。

3.4 服务水平

3.4.1 公路服务水平分为六级，见附录 A。

3.4.2 各级公路设计服务水平应不低于表 3.4.2 规定，并应符合下列规定：

表 3.4.2　各级公路设计服务水平

公路等级	高速公路	一级公路	二级公路	三级公路	四级公路
服务水平	三级	三级	四级	四级	—

1　一级公路用作集散公路时，设计服务水平可降低一级。
2　长隧道及特长隧道路段、非机动车及行人密集路段、互通式立体交叉的分合流区段以及交织区段，设计服务水平可降低一级。

3.5　速度

3.5.1　各级公路设计速度应符合表 3.5.1 的规定。设计速度的选用应根据公路的功能与技术等级，结合地形、工程经济、预期的运行速度和沿线土地利用性质等因素综合论证确定，并应符合下列规定：

表 3.5.1　设 计 速 度

公路等级	高速公路			一级公路			二级公路		三级公路		四级公路	
设计速度（km/h）	120	100	80	100	80	60	80	60	40	30	30	20

1　高速公路设计速度不宜低于 100km/h，受地形、地质等条件限制时，可以选用 80km/h。

2　作为干线的一级公路，设计速度宜采用 100km/h；受地形、地质等条件限制，可采用 80km/h。作为集散的一级公路，设计速度宜采用 80km/h；受地形、地质等条件限制，可采用 60km/h。

3　高速公路和作为干线的一级公路的特殊困难局部路段，且因新建工程可能诱发工程地质病害时，经论证，该局部路段的设计速度可采用 60km/h，但长度不宜大于 15km，或仅限于相邻两互通式立体交叉之间的路段。

4　作为干线的二级公路，设计速度宜采用 80km/h；受地形、地质等条件限制，可采用 60km/h。作为集散的二级公路，设计速度宜采用 60km/h；受地形、地质等条件限制，可采用 40km/h。

5　三级公路设计速度宜采用 40km/h；受地形、地质等条件限制，可采用 30km/h。

6　四级公路设计速度宜采用 30km/h；受地形、地质等条件限制，可采用 20km/h。

3.5.2　公路设计应采用运行速度进行检验。相邻路段运行速度之差应小于 20km/h，同一路段运行速度与设计速度之差宜小于 20km/h。

3.5.3　公路限制速度应根据设计速度、运行速度及路侧干扰与环境等因素综合论证确定。

3.6 建筑限界

3.6.1 各级公路的建筑限界应符合图 3.6.1 的规定，并应符合下列规定：

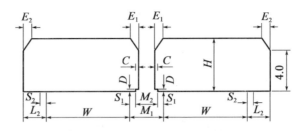

a) 高速公路、一级公路（整体式）

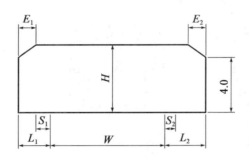

b) 高速公路、一级公路（分离式）

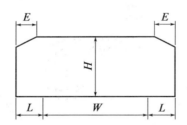

c) 二、三、四级公路

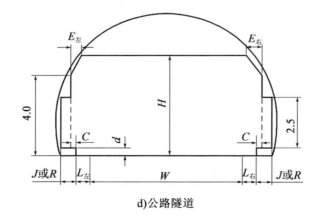

d) 公路隧道

图 3.6.1　各级公路的建筑限界（尺寸单位：m）

图中：　　W——行车道宽度；

　　　　　L_1——左侧硬路肩宽度；

　　　　　L_2——右侧硬路肩宽度；

　　　　　S_1——左侧路缘带宽度；

　　　　　S_2——右侧路缘带宽度；

　　　　　L——侧向宽度。二级公路的侧向宽度为硬路肩宽度。三、四级公路的侧向宽度为路肩宽度减去 0.25m。设置护栏时，应根据护栏需要的宽度加宽路基；

　　　　　$L_左$——隧道内左侧侧向宽度；

　　　　　$L_右$——隧道内右侧侧向宽度；

　　　　　C——当设计速度大于 100km/h 时为 0.5m，小于或等于 100km/h 时为 0.25m；

　　　　　D——路缘石高度，小于或等于 0.25m。一般情况下，高速公路可不设路缘石；

　　　　　M_1——中间带宽度；

　　　　　M_2——中央分隔带宽度；

　　　　　J——检修道宽度；

　　　　　R——人行道宽度；

　　　　　d——检修道或人行道高度；

　　　　　E——建筑限界顶角宽度，当 $L \leqslant 1m$ 时，$E = L$；当 $L > 1m$ 时，$E = 1m$；

　　　　　E_1——建筑限界顶角宽度，当 $L_1 < 1m$，$E_1 = L_1$，或 $S_1 + C < 1m$，$E_1 = S_1 + C$；当 $L_1 \geqslant 1m$ 或 $S_1 + C \geqslant 1m$ 时，$E_1 = 1m$；

　　　　　E_2——建筑限界顶角宽度，$E_2 = 1m$；

　　　　　$E_左$——建筑限界左顶角宽度，当 $L_左 \leqslant 1m$ 时，$E_左 = L_左$；当 $L_左 > 1m$ 时，$E_左 = 1m$；

　　　　　$E_右$——建筑限界右顶角宽度，当 $L_右 \leqslant 1m$ 时，$E_右 = L_右$；当 $L_右 > 1m$ 时，$E_右 = 1m$；

　　　　　H——净空高度。

1　设置加（减）速车道、紧急停车带、爬坡车道、错车道、慢车道、车道隔离设施等路段，行车道应包括该部分的宽度。

2　八车道及以上的高速公路（整体式），设置左侧硬路肩时，建筑限界应包括左侧硬路肩宽度。

3　一条公路应采用同一净高。高速公路、一级公路、二级公路的净高应为 5.00m；三级公路、四级公路的净高应为 4.50m。

4　人行道、自行车道、检修道与行车道分开设置时，其净高应为 2.50m。

5　路基、桥梁、隧道相互衔接处，其建筑限界应按过渡段处理。

3.7 抗震

3.7.1 抗震设计应符合下列规定：

1 地震动峰值加速度系数小于或等于0.05地区的公路工程，除有特殊要求外，可采用简易设防。

2 地震动峰值加速度系数大于0.05、小于0.40地区的公路工程，应进行抗震设计。

3 地震动峰值加速度系数大于或等于0.40地区的公路工程，应进行专门的抗震研究和设计。

4 做过地震小区划地区的公路工程，应按主管部门审批的地震动峰值加速度系数进行抗震设计。

4 路线

4.0.1 一般规定

1 确定路线走廊带应考虑走廊带内各种运输体系及不同层次路网间的分工与配合，据以统筹规划、近远期结合、合理布局，充分发挥和提高公路总体综合效益。

2 公路选线必须由面到带、由带到线，在对地形地貌、地质水文、气候气象、自然保护区等调查与勘察的基础上论证、确定路线方案。

3 路线线位应考虑同农田与水利建设、城市规划的配合，尽可能避让不可移动文物、水源与自然保护区，保护环境且同当地景观相协调。

4 各级公路应做好总体设计，正确处理公路与相关路网、交通节点的关系，合理设置各类出入口、交叉和构造物。各类构造物的选型与布置应合理、实用、经济。

5 路线设计应根据公路功能、技术等级和地形等条件，恰当选取设计速度，合理确定公路断面布置形式，正确运用各类技术指标，注意平纵线形组合、保持线形连续均衡，在确保行驶安全性的前提下，满足舒适、环保与经济等要求。

4.0.2 车道宽度应符合表 4.0.2 的规定，并应符合下列规定：

表 4.0.2 车道宽度

设计速度（km/h）	120	100	80	60	40	30	20
车道宽度（m）	3.75	3.75	3.75	3.50	3.50	3.25	3.00

1 八车道及以上公路在内侧车道（内侧第 1、2 车道）仅限小客车通行时，其车道宽度可采用 3.5m。

2 以通行中、小型客运车辆为主且设计速度为 80km/h 及以上的公路，经论证车道宽度可采用 3.5m。

3 四级公路采用单车道时，车道宽度应采用 3.5m。

4 设置慢车道的二级公路，慢车道宽度应采用 3.5m。

5 需要设置非机动车道和人行道的公路，非机动车道和人行道等的宽度，宜视实际情况确定。

4.0.3 各级公路车道数应符合表 4.0.3 的规定。高速公路和一级公路各路段车道数应根据设计交通量、设计通行能力确定，当车道数为双车道以上时应按双数增加。

表 4.0.3 各级公路车道数

公路等级	高速、一级公路	二级公路	三级公路	四级公路
车道数	≥4	2	2	2（1）

注：四级公路应采用双车道，交通量小或困难路段可采用单车道。

4.0.4 高速公路和一级公路整体式断面必须设置中间带。中间带由中央分隔带和两条左侧路缘带组成。

1 高速公路和作为干线的一级公路，中央分隔带宽度应根据公路项目中央分隔带功能确定。

2 作为集散的一级公路，中央分隔带宽度应根据中间隔离设施的宽度确定。

3 左侧路缘带宽度不应小于表 4.0.4 的规定。设计速度为 120km/h、100km/h，受地形、地物限制的路段或多车道公路内侧车道仅限小型车辆通行的路段，左侧路缘带可论证采用 0.50m。

表 4.0.4 左侧路缘带宽度

设计速度（km/h）	120	100	80	60
左侧路缘带宽度（m）	0.75	0.75	0.50	0.50

4.0.5 路肩宽度应符合表 4.0.5-1 的规定，并应符合下列规定：

表 4.0.5-1 路 肩 宽 度

公路等级（功能）		高速公路			一级公路（干线功能）	
设计速度（km/h）		120	100	80	100	80
右侧硬路肩宽度（m）	一般值	3.00(2.50)	3.00(2.50)	3.00(2.50)	3.00(2.50)	3.00(2.50)
	最小值	1.50	1.50	1.50	1.50	1.50
土路肩宽度（m）	一般值	0.75	0.75	0.75	0.75	0.75
	最小值	0.75	0.75	0.75	0.75	0.75

公路等级（功能）		一级公路（集散功能）和二级公路		三级公路、四级公路		
设计速度（km/h）		80	60	40	30	20
右侧硬路肩宽度（m）	一般值	1.50	0.75	—	—	—
	最小值	0.75	0.25	—	—	—
土路肩宽度（m）	一般值	0.75	0.75	0.75	0.50	0.25（双车道）0.50（单车道）
	最小值	0.50	0.50			

注：1. 正常情况下，应采用"一般值"；在设爬坡车道、变速车道及超车道路段，受地形、地物等条件限制路段及多车道公路特大桥，可论证采用"最小值"。

2. 高速公路和作为干线的一级公路以通行小客车为主时，右侧硬路肩宽度可采用括号内数值。

1　高速公路和一级公路应在右侧硬路肩宽度内设右侧路缘带，其宽度为0.50m。

2　高速公路和一级公路采用分离式断面时，应设置左侧硬路肩，其宽度不应小于表4.0.5-2的规定值。左侧硬路肩宽度包含左侧路缘带宽度。

表4.0.5-2　分离式断面高速公路和一级公路左侧路肩宽度

设计速度（km/h）	120	100	80	60
左侧硬路肩宽度（m）	1.25	1.00	0.75	0.75
左侧土路肩宽度（m）	0.75	0.75	0.75	0.50

3　八车道及以上高速公路宜设置左侧硬路肩，其宽度应不小于2.5m。左侧硬路肩宽度包含左侧路缘带宽度。

4.0.6　高速公路和作为干线的一级公路右侧硬路肩宽度小于2.50m时，应设置紧急停车带。紧急停车带宽度应为3.50m，有效长度不应小于40m，间距不宜大于500m。

4.0.7　互通式立体交叉、服务区、停车区、客运汽车停靠站、管理设施等的出入口处，高速公路、一级公路应设置加（减）速车道，二级公路应设置过渡段。

4.0.8　高速公路、一级公路以及二级公路的连续上坡路段，当通行能力、运行安全受到影响时，应设置爬坡车道。爬坡车道宽度不应小于3.50m。六车道以上的高速公路，可不设置爬坡车道。

4.0.9　连续长、陡下坡路段，应结合交通安全评价论证设置避险车道。

4.0.10　二级公路货车比例较高时，可根据需要局部增设超车道。超车道宽度应按相应路段的车道宽度确定。

4.0.11　二级公路慢行车辆较多时，可根据需要采用加宽硬路肩的方式设置慢车道，并应增加必要的交通安全设施，加强交通组织管理。

4.0.12　四级公路采用单车道时，应设置错车道。设置错车道路段的路基宽度不应小于双车道的路基宽度。

4.0.13　非机动车、行人密集公路和城市出入口的公路，可根据需要设置侧分隔带、非机动车道和人行道。

4.0.14　公路路基宽度为车道宽度与路肩宽度之和，当设有中间带、加（减）速车道、爬坡车道、紧急停车带、超车道、错车道、慢车道、侧分隔带、非机动车道、人行道等时，应计入这些部分的宽度。

4.0.15 视距应符合下列规定：

1 高速公路、一级公路的停车视距应不小于表4.0.15-1的规定。

表4.0.15-1 高速公路、一级公路停车视距

设计速度（km/h）	120	100	80	60
停车视距（m）	210	160	110	75

2 二、三、四级公路的停车视距、会车视距与超车视距应不小于表4.0.15-2的规定。

表4.0.15-2 二、三、四级公路停车、会车与超车视距

设计速度（km/h）	80	60	40	30	20
停车视距（m）	110	75	40	30	20
会车视距（m）	220	150	80	60	40
超车视距（m）	550	350	200	150	100

3 互通式立交、服务区、停车区、客运汽车停靠站等各类出、入口应满足识别视距要求。

4 双车道公路应间隔设置满足超车视距的路段。

5 高速公路、一级公路以及大型车比例较高的二、三级公路，应采用货车停车视距对相关路段进行检验。货车的停车视距、识别视距应符合附录B的规定。

6 积雪冰冻地区的停车视距宜适当增长。

4.0.16 直线的最大与最小长度应有所限制。

4.0.17 圆曲线最小半径应符合表4.0.17的规定。

表4.0.17 圆曲线最小半径

设计速度（km/h）		120	100	80	60	40	30	20
最大超高	10%	570	360	220	115	—	—	—
	8%	650	400	250	125	60	30	15
	6%	710	440	270	135	60	35	15
	4%	810	500	300	150	65	40	20
不设超高最小半径（m）	路拱≤2.0%	5 500	4 000	2 500	1 500	600	350	150
	路拱>2.0%	7 500	5 250	3 350	1 900	800	450	200

注："—"为不考虑采用最大超高的情况。

4.0.18 公路圆曲线半径小于表4.0.17"不设超高最小半径"时，应设置圆曲线超高。最大超高应符合下列规定：

1 一般地区，圆曲线最大超高应采用8%。
2 积雪冰冻地区，最大超高值应采取6%。
3 以通行中、小型客车为主的高速公路和一级公路，最大超高可采用10%。
4 城镇区域公路，最大超高值可采取4%。

4.0.19 直线与小于表4.0.17不设超高最小半径的圆曲线相衔接处，应设置缓和曲线。缓和曲线采用回旋线，应符合下列规定：

1 缓和曲线参数及其长度应根据线形设计以及对安全、视觉、景观等的要求，选用较大的数值。
2 四级公路直线与小于不设超高最小半径的圆曲线相衔接处，可不设置缓和曲线，用超高、加宽缓和段径相连接。

4.0.20 最大纵坡应符合表4.0.20的规定，并应符合下列规定：

表4.0.20 最大纵坡

设计速度（km/h）	120	100	80	60	40	30	20
最大纵坡（%）	3	4	5	6	7	8	9

1 设计速度为120km/h、100km/h、80km/h的高速公路受地形条件或其他特殊情况限制时，经技术经济论证，最大纵坡值可增加1%。
2 公路改扩建中，设计速度为40km/h、30km/h、20km/h的利用原有公路的路段，经技术经济论证，最大纵坡值可增加1%。
3 二级及二级以下公路的越岭路线连续上坡（或下坡）路段，相对高差为200~500m时，平均纵坡不应大于5.5%；相对高差大于500m时，平均纵坡不应大于5%。任意连续3km路段的平均纵坡不应大于5.5%。
4 高速公路、一级公路应论证采用合理的平均纵坡。对存在连续长、陡纵坡的路段应进行安全性评价。

4.0.21 不同纵坡的最大坡长应符合表4.0.21的规定。

表4.0.21 不同纵坡的最大坡长（m）

纵坡坡度（%）	设计速度（km/h）						
	120	100	80	60	40	30	20
3	900	1 000	1 100	1 200	—	—	—
4	700	800	900	1 000	1 100	1 100	1 200
5	—	600	700	800	900	900	1 000
6	—	—	500	600	700	700	800
7	—	—	—	—	500	500	600
8	—	—	—	—	300	300	400
9	—	—	—	—	—	200	300
10	—	—	—	—	—	—	200

4.0.22 公路纵坡变更处应设置竖曲线。竖曲线最小半径和最小长度不应小于表4.0.22的规定值。

表4.0.22 竖曲线最小半径和最小长度

设计速度（km/h）	120	100	80	60	40	30	20
凸形竖曲线最小半径（m）	11 000	6 500	3 000	1 400	450	250	100
凹形竖曲线最小半径（m）	4 000	3 000	2 000	1 000	450	250	100
竖曲线最小长度（m）	100	85	70	50	35	25	20

5 路基路面

5.0.1 一般规定

1 路基路面应根据公路功能、技术等级、交通量，结合沿线地形、地质及路用材料、气候等自然条件进行设计，保证其具有足够的强度、稳定性和耐久性。路面面层应满足平整和抗滑的要求。

2 路基应设置排水设施与防护设施，取土、弃土应进行专门设计，防止水土流失、堵塞河道和诱发路基病害；应进行路基表土综合利用方案设计，充分利用资源。

3 应因地制宜、统筹考虑安全、环境、土地、经济等因素，选择合理的路基断面形式。

4 通过特殊地质和水文条件的路段，必须查明其规模及其对公路的危害程度，采取综合治理措施，增强公路防灾、抗灾能力。

5 路基路面结构应遵循整体化设计原则。路基设计应根据可用填料、施工条件和当地成功经验，提出路基结构的设计要求与设计指标；路面结构设计应结合路基结构设计要求与设计指标进行综合设计，以满足路面结构耐久性要求。

6 公路改扩建项目的新建路面和原路面利用均应按现行标准进行设计，并应加强路基、路面的拼接设计；应对路面材料再生循环利用进行论证，充分利用废旧材料。

5.0.2 路基设计洪水频率应符合下列规定：

1 路基设计洪水频率应符合表5.0.2的规定。

表5.0.2 路基设计洪水频率

公路等级	高速公路	一级公路	二级公路	三级公路	四级公路
设计洪水频率	1/100	1/100	1/50	1/25	按具体情况确定

2 城市周边地区的公路路基设计洪水频率应结合城市防洪标准，考虑救灾通道、排洪和泄洪需求综合确定。

5.0.3 路基高度应符合下列规定：

1 路基高度设计应使路肩边缘高出路基两侧地面积水高度，同时考虑地下水、毛细水和冰冻的作用，不使其影响路基的强度和稳定性。

2 沿河及受水浸淹的路基边缘高程，应高出表5.0.2规定设计洪水频率的计算水位加壅水高、波浪侵袭高和0.5m的安全高度。

5.0.4 路基技术要求和原地面处理要求应符合下列规定：

1 路堤基底应清理和压实。基底强度、稳定性不足时，应进行处理，以保证路基稳定，减少工后沉降。

2 路基压实度应根据公路技术等级、填挖深度、交通荷载等级和填料特点等因素确定，并应符合表5.0.4的规定。

表5.0.4 路基压实度

路基部位		路床顶面以下深度（m）	压实度（%）		
			高速公路、一级公路	二级公路	三级公路、四级公路
上路床		0～0.3	≥96	≥95	≥94
下路床	轻、中及重交通荷载等级	0.3～0.8	≥96	≥95	≥94
	特重、极重交通荷载等级	0.3～1.2	≥96	≥95	—
上路堤	轻、中及重交通荷载等级	0.8～1.5	≥94	≥94	≥93
	特重、极重交通荷载等级	1.2～1.9	≥94	≥94	—
下路堤	轻、中及重交通荷载等级	>1.5	≥93	≥92	≥90
	特重、极重交通荷载等级	>1.9			

注：1. 表列压实度数值以重型击实试验法为准。
2. 特殊干旱或特殊潮湿地区的路基压实度，表列数值可适当降低。
3. 三、四级公路修筑沥青混凝土或水泥混凝土路面时，其路基压实度应采用二级公路标准。

3 在满足路基各层压实度的前提下，应根据路基实际采用的填料类型和路面结构设计要求，确定路床顶面回弹模量标准。对于重载交通路基、软弱和特殊土路基，可适当提高路床顶面回弹模量标准。

5.0.5 路基防护应根据公路功能，结合当地气候、水文、地质等情况，采取相应防护措施，保证路基稳定，并应符合下列规定：

1 路基防护应采取工程防护与植物防护相结合的综合防护措施，并与景观相协调。

2 深挖、高填路基边坡路段，必须查明工程地质情况，针对其工程特性进行路基防护设计。对存在稳定性隐患的边坡，应进行稳定性分析，采用加固、防护措施，保证边坡的稳定。

3 沿河路段必须查明河流特性及其演变规律，采取防止冲刷路基的防护措施。凡侵占、改移河道的地段，必须做出专门防护设计。

5.0.6 路面结构设计标准轴载为双轮组单轴100kN，轮胎压力0.7MPa。重载交通路段可根据实际调查的轴载谱采用分向、分道方式进行路面结构设计。

5.0.7 路面类型应根据公路功能、技术等级、交通量、环境保护、工程造价等因素进行综合论证后选用；路面结构形式应根据当地气候条件、交通荷载、当地材料，并结合路面结构耐久性、资源循环利用等因素进行全寿命周期经济分析后合理确定。

5.0.8 公路路面结构设计使用年限应不小于表5.0.8的规定。

表5.0.8 公路路面结构设计使用年限

公路等级		高速公路	一级公路	二级公路	三级公路	四级公路
设计使用年限（年）	沥青混凝土路面	15	15	12	10	8
	水泥混凝土路面	30		20	15	10

5.0.9 路面结构层材料应满足强度、稳定性和耐久性的要求。路面垫层宜采用水稳性好的粗粒料类材料或稳定类材料。路基填料采用尾矿、矿渣等材料时，应作环保评价，明确利用方案及处置措施。

5.0.10 路基路面排水与防水应符合下列规定：

1 路基、路面排水应综合设计、合理布局，并与沿线排灌系统相协调，保护生态环境，防止水土流失和污染水源。

2 根据公路等级，结合沿线气象、地形、地质、水文等自然条件，设置必要的地表排水、路面内部排水、地下排水等设施，并与沿线排水系统相配合，形成完整的排水体系。

3 特殊地质地段的路基、路面排水设计，必须与该特殊工程整治措施相结合，进行综合设计。

4 路基、路面结构设计应进行防水设计，以减少路面结构水损坏。

5.0.11 高速公路路面不应分期修建，位于软土、高填方等工后沉降较大的局部路段，面层可一次设计、分期实施。

5.0.12 沙漠、戈壁、草原等地区小交通量高速公路，其右侧硬路肩部分的面层可分期修建，但在分期修建实施前，应采取技术措施对右侧硬路肩面层进行处理，保证交通安全。

6 桥涵

6.0.1 一般规定

1 桥涵应根据公路功能、技术等级、通行能力及防灾减灾等要求,结合水文、地质、通航和环境等条件进行综合设计。

2 桥涵应按照安全、耐久、适用、环保、经济和美观的原则,考虑因地制宜、就地取材、便于施工和养护等因素,进行全寿命设计。

3 桥涵应与自然环境和景观相协调。特殊大桥宜进行景观设计。

4 桥涵的设置应结合农田基本建设考虑排灌的需要。

5 特大桥、大桥桥位应选择河道顺直稳定、河床地质良好、河槽能通过大部分设计流量的河段,并应避开断层、岩溶、滑坡、泥石流等不良地质地带。在受条件限制而选取不利桥位时,必须采取防控措施并进行严格论证。

6 桥面铺装应有完善的桥面防水、排水系统。

7 桥涵跨径小于或等于50m时,宜采用标准化跨径、装配式结构、机械化和工厂化施工。

8 对于分期修建的桥梁,应选择先期与后期易衔接的结构形式。

9 桥涵应设置维修养护通道,特大桥和大桥应设置必要的养护设施。

6.0.2 桥涵分类规定如表6.0.2。

表6.0.2 桥 涵 分 类

桥涵分类	多孔跨径总长 L (m)	单孔跨径 L_k (m)
特大桥	$L > 1\,000$	$L_k > 150$
大桥	$100 \leqslant L \leqslant 1\,000$	$40 \leqslant L_k \leqslant 150$
中桥	$30 < L < 100$	$20 \leqslant L_k < 40$
小桥	$8 \leqslant L \leqslant 30$	$5 \leqslant L_k < 20$
涵洞	—	$L_k < 5$

注:1. 单孔跨径系指标准跨径。
　　2. 梁式桥、板式桥的多孔跨径总长为多孔标准跨径的总长;拱式桥为两端桥台内起拱线间的距离;其他形式桥梁为桥面系车道长度。
　　3. 管涵及箱涵不论管径或跨径大小、孔数多少,均称为涵洞。
　　4. 标准跨径:梁式桥、板式桥以两桥墩中线间距离或桥墩中线与台背前缘间距为准;拱式桥和涵洞以净跨径为准。

6.0.3 有桥台的桥梁，桥梁全长应为两岸桥台侧墙或八字墙尾端间的距离；无桥台的桥梁，桥梁全长应为桥面系的长度。

6.0.4 桥涵标准化跨径规定如下：0.75m、1.0m、1.25m、1.5m、2.0m、2.5m、3.0m、4.0m、5.0m、6.0m、8.0m、10m、13m、16m、20m、25m、30m、35m、40m、45m、50m。

6.0.5 桥涵设计洪水频率应符合表6.0.5的规定，并应符合下列规定：

表6.0.5 桥涵设计洪水频率

公路等级	设计洪水频率				
	特大桥	大桥	中桥	小桥	涵洞及小型排水构造物
高速公路	1/300	1/100	1/100	1/100	1/100
一级公路	1/300	1/100	1/100	1/100	1/100
二级公路	1/100	1/100	1/100	1/50	1/50
三级公路	1/100	1/50	1/50	1/25	1/25
四级公路	1/100	1/50	1/50	1/25	不作规定

1 二级公路的特大桥以及三、四级公路的大桥，在河床比降大、易于冲刷的情况下，宜提高一级设计洪水频率验算基础冲刷深度。

2 沿河纵向高架桥和桥头引道的设计洪水频率应符合本标准第5.0.2条路基设计洪水频率的规定。

3 多孔中小跨径的特大桥可采用大桥的设计洪水频率。

6.0.6 桥面净空应符合本标准第3.6.1条公路建筑限界的规定，并应符合下列规定：

1 多车道公路上的特大桥为整体式上部结构时，中央分隔带宽度应根据所采用的护栏形式确定。

2 特大桥的路肩宽度经论证后可采用表4.0.5-1的最小值。

3 路、桥不同宽度间应顺适过渡。

4 桥上设置的各种管线、安全设施及标志等不得侵入公路建筑限界。

6.0.7 桥下净空应符合下列规定：

1 通航或流放木筏的河流，桥下净空应符合通航标准或流放木筏的要求。

2 跨线桥桥下净空，应符合被交叉公路、铁路、其他道路等建筑限界的规定。

3 桥下净空应考虑排洪、流水、漂流物、冰塞以及河床冲淤等情况。

6.0.8 桥梁及其引道的平、纵、横技术指标应与路线总体布设相协调，并应符合下列规定：

1 桥上纵坡不宜大于4%，桥头引道纵坡不宜大于5%。
2 对于易结冰、积雪的桥梁，桥上纵坡宜适当减小。
3 位于城镇混合交通繁忙处的桥梁，桥上纵坡和桥头引道纵坡均不得大于3%。
4 桥头两端引道的线形应与桥梁的线形相匹配。

6.0.9 渡口码头设计应符合下列规定：
1 渡口位置应选择在河床稳定、水力水文状态适宜、无淤积或少淤积的河段。
2 直线码头的引道纵坡宜采用9%～10%，锯齿式码头宜采用4%～6%。
3 车辆上、下渡船的引道路面，应采取必要的防滑措施。
4 二、三级公路的码头引道宽度不应小于12m，四级公路不应小于10m。

6.0.10 桥涵改扩建应符合下列规定：
1 新建桥涵（含拼接新建部分）应满足现行设计标准的要求。
2 对直接利用的原有桥涵，应进行检测评估并满足原设计荷载标准要求，二、三、四级公路提高等级时其极限承载能力应满足或采取加固措施后满足现行标准的要求。
3 拼接加宽利用的原有桥涵，应进行检测评估并满足原设计荷载标准要求，且其极限承载能力应满足或采取加固措施后满足现行标准的要求。
4 整体拼接桥梁的桥下净空，不应小于原设计标准。
5 对直接利用或拼接加宽的桥涵，应提出有针对性的运营管理和维护措施。

6.0.11 桥涵主体结构和可更换部件的设计使用年限规定如表6.0.11。

表6.0.11 桥涵设计使用年限（年）

公路等级	主体结构			可更换部件	
	特大桥 大桥	中桥	小桥 涵洞	斜拉索 吊索 系杆等	栏杆 伸缩缝 支座等
高速公路 一级公路	100	100	50	20	15
二级公路 三级公路	100	50	30		
四级公路	100	50	30		

7 汽车及人群荷载

7.0.1 汽车荷载分为公路—Ⅰ级和公路—Ⅱ级两个等级，由车道荷载和车辆荷载组成，并规定如下：
1 车道荷载由均布荷载和集中荷载组成，用于桥梁结构整体分析计算。
2 车辆荷载用于桥梁结构局部分析计算和涵洞、桥台、挡土墙土压力等的分析计算。
3 车道荷载与车辆荷载的作用不得相互叠加。

7.0.2 各级公路桥涵设计的汽车荷载等级应符合表7.0.2的规定。

表7.0.2 汽车荷载等级

公路技术等级	高速公路	一级公路	二级公路	三级公路	四级公路
汽车荷载等级	公路—Ⅰ级	公路—Ⅰ级	公路—Ⅰ级	公路—Ⅱ级	公路—Ⅱ级

注：1. 二级公路作为集散公路且交通量小、重型车辆少时，其桥涵设计可采用公路—Ⅱ级荷载。
　　2. 对交通组成中重载交通比重较大的公路，宜采用与该公路交通组成相适应的汽车荷载模式进行结构整体和局部验算。

7.0.3 车道荷载的计算图式如图7.0.3，并应符合下列规定：

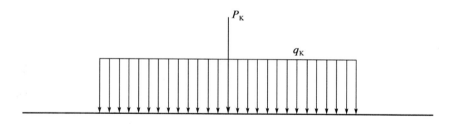

图7.0.3 车道荷载

注：计算跨径，设支座的为相邻两支座中心间的水平距离；
　　不设支座的为上、下部结构相交面中心间的水平距离。

1 公路—Ⅰ级车道荷载的均布荷载标准值为 $q_K = 10.5 \text{kN/m}$。集中荷载标准值 P_K 按下列规定选取：

桥涵计算跨径小于或等于5m时，$P_K = 270\text{kN}$；
桥涵计算跨径大于或等于50m时，$P_K = 360\text{kN}$；
桥涵计算跨径大于5m、小于50m时，P_K 值采用直线内插求得。
计算剪力效应时，集中荷载标准值应乘以1.2的系数。

公路—Ⅱ级车道荷载的均布荷载标准值 q_K 和集中荷载标准值 P_K，为公路—Ⅰ级车道荷载的 0.75 倍。

2 车道荷载的均布荷载标准值应满布于使结构产生最不利效应的同号影响线上；集中荷载标准值只作用于相应影响线中的一个影响线峰值处。

7.0.4 车辆荷载布置图如图 7.0.4，其主要技术指标规定如表 7.0.4。公路—Ⅰ级和公路—Ⅱ级汽车荷载采用相同的车辆荷载标准值。

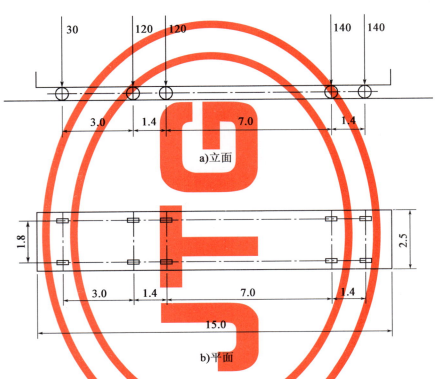

图 7.0.4 车辆荷载布置图（轴重力单位:kN；尺寸单位:m）

表 7.0.4 车辆荷载主要技术指标

项 目	单 位	技术指标
车辆重力标准值	kN	550
前轴重力标准值	kN	30
中轴重力标准值	kN	2×120
后轴重力标准值	kN	2×140
轴距	m	3+1.4+7+1.4
轮距	m	1.8
前轮着地宽度及长度	m	0.3×0.2
中、后轮着地宽度及长度	m	0.6×0.2
车辆外形尺寸（长×宽）	m	15×2.5

7.0.5 车道荷载横向分布系数，应按设计车道数如图 7.0.5 布置车道荷载进行计算。

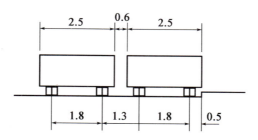

图 7.0.5 车辆荷载横向布置（尺寸单位:m）

7.0.6 桥涵设计车道数应符合表 7.0.6-1 的规定。横向车道布载系数应符合表 7.0.6-2 的规定。横桥向布置多车道汽车荷载时，应考虑汽车荷载的折减；布置一条车道汽车荷载时，应考虑汽车荷载的提高。多车道布载的荷载效应不得小于两条车道布载的荷载效应，也不得小于一条车道布载的荷载效应。

表 7.0.6-1 桥涵设计车道数

桥面宽度 W_0（m）		桥涵设计车道数（条）
单向行驶桥梁	双向行驶桥梁	
$W_0 < 7.0$		1
$7.0 \leq W_0 < 10.5$	$6.0 \leq W_0 < 14.0$	2
$10.5 \leq W_0 < 14.0$		3
$14.0 \leq W_0 < 17.5$	$14.0 \leq W_0 < 21.0$	4
$17.5 \leq W_0 < 21.0$		5
$21.0 \leq W_0 < 24.5$	$21.0 \leq W_0 < 28.0$	6
$24.5 \leq W_0 < 28.0$		7
$28.0 \leq W_0 < 31.5$	$28.0 \leq W_0 < 35.0$	8

表 7.0.6-2 横向车道布载系数

横向布载车道数（条）	1	2	3	4	5	6	7	8
横向车道布载系数	1.20	1.00	0.78	0.67	0.60	0.55	0.52	0.50

7.0.7 大跨径桥梁应考虑车道荷载纵向折减，并应符合下列规定：

1 桥梁计算跨径大于 150m 时，应按表 7.0.7 规定的纵向折减系数进行折减。

2 桥梁为多跨连续结构时，整个结构应按其最大计算跨径的纵向折减系数进行折减。

表 7.0.7 纵向折减系数

计算跨径 L_0（m）	纵向折减系数
$150 < L_0 < 400$	0.97
$400 \leqslant L_0 < 600$	0.96
$600 \leqslant L_0 < 800$	0.95
$800 \leqslant L_0 < 1\,000$	0.94
$L_0 \geqslant 1\,000$	0.93

7.0.8 公路桥涵设置人行道时，应同时计入人群载荷，并应符合下列规定：

1 桥梁计算跨径小于或等于50m时，人群荷载标准值为3.0kN/m²；

桥梁计算跨径大于或等于150m时，人群荷载标准值为2.5kN/m²；

桥梁计算跨径大于50m、小于150m时，可由线性内插得到人群荷载标准值。

跨径不等的连续结构，采用最大计算跨径的人群荷载标准值。

2 非机动车、行人密集的公路桥梁，人群荷载标准值为上述标准值的1.15倍。

3 专用人行桥梁，人群荷载标准值为3.5kN/m²。

8 隧道

8.0.1 一般规定

1 隧道应根据路网规划、公路功能需要，遵循安全、耐久、经济、节能、利于保护生态环境的原则，结合隧道所处地区的地形、地质、施工、运营、管理等条件进行设计。

2 隧道选址必须对该区域的自然地理、场地与生态环境、工程地质、水文地质、气象、地震等进行勘察，取得完整勘察基础资料，经技术经济论证后确定。

3 隧道高程和平面位置应根据公路等级、路线总体设计方案确定，选在地层稳定，利于设置洞口、洞口两端接线、防灾救援系统、管理养护等设施的地段。

4 拟定路线总体设计方案应论证采用隧道或深路堑等不同方案给生态环境带来的影响。对生态环境脆弱的地带或可能因施工造成生态环境难以恢复的地段，应优先选择对环境影响小的方案，并辅以治理措施。

5 隧道路面应具有足够的抗滑性能。洞内、外衔接路段路面设计抗滑性能应一致。

8.0.2 隧道分类规定如表8.0.2。

表8.0.2 隧道分类

隧道分类	特长隧道	长隧道	中隧道	短隧道
隧道长度 L（m）	$L>3\,000$	$3\,000 \geqslant L > 1\,000$	$1\,000 \geqslant L > 500$	$L \leqslant 500$

8.0.3 隧道净空应符合本标准第3.6.1条公路建筑限界的规定，且横断面各组成部分宽度应满足下列要求：

1 隧道内的最小侧向宽度应符合表8.0.3的规定。

表8.0.3 隧道最小侧向宽度

设计速度（km/h）	高速公路、一级公路				二级公路、三级公路、四级公路				
	120	100	80	60	80	60	40	30	20
左侧侧向宽度 $L_{左}$（m）	0.75	0.75	0.5	0.5	0.75	0.5	0.25	0.25	0.50
右侧侧向宽度 $L_{右}$（m）	1.25	1.00	0.75	0.75	0.75	0.5	0.25	0.25	0.50

2 高速公路、一级公路的隧道应在两侧设置检修道，其宽度应大于或等于0.75m。

二级、三级公路的隧道宜在两侧设置人行道（兼检修道），二、三级公路隧道的人行道宽度应大于或等于0.75m。

四级公路隧道、连拱隧道左侧可不设置检修道或人行道，但应保留 C 值宽度。

3　单车道四级公路的隧道应按双车道四级公路标准修建。

4　山岭特长、长隧道内不设硬路肩或硬路肩宽度小于 2.5m 时，单洞两车道隧道应设置紧急停车带，单洞三车道隧道宜设置紧急停车带。

紧急停车带宽度应为 3.0m，且与右侧侧向宽度之和应大于或等于 3.5m，有效长度应大于或等于 40m，单向行车时，间距不宜大于 750m，双向行车时，同侧间距不宜大于 1 000m。

5　四车道高速公路上的短隧道与城市出入口的中、短隧道，宜与路基同宽。

8.0.4　隧道及其洞口两端路线的平、纵、横技术指标应符合下列规定：

1　隧道路段平、纵线形应均衡、协调。水下隧道平面线形宜采用直线，当设为曲线时宜采用不设超高的平曲线。

2　洞口内外侧各 3s 设计速度行程长度范围的平、纵线形应一致。特殊困难地段，经技术经济比较论证后，洞口内外平曲线可采用缓和曲线，但应加强线形诱导设施。

3　洞口外相接路段应设置距洞口不小于 3s 设计速度行程长度，且不小于 50m 的过渡段，保持横断面过渡的顺适。

4　隧道内纵坡应小于 3%，大于 0.3%，但短于 100m 的隧道可不受此限。

5　高速公路、一级公路的中、短隧道，当条件受限制时，经技术经济论证、交通安全评价后，隧道最大纵坡可适当加大，但不宜大于 4%。

8.0.5　洞口之间小于 6s 设计速度行程长度的相邻隧道，应系统考虑通风、照明、安全、管理等设施及防灾、救援等需要进行整体设计。

8.0.6　隧道交通工程及附属设施的配置应符合下列规定：

1　隧道交通工程及附属设施的技术标准与建设规模应根据公路功能、技术等级、交通量、隧道长度等确定，并应符合公路项目交通工程及沿线设施总体设计的要求。

2　隧道内应设置标志、标线、轮廓标等安全设施。高速公路、一级公路隧道洞口两端连接过渡段的标志、标线、轮廓标及护栏等应进行专门设计。

3　特长隧道和高速公路、一级公路长隧道应设置监控设施。二级公路长隧道可根据需要设置监控设施。

4　通风设施应根据隧道长度、交通组成和交通量增长情况等，按统筹规划、一次设计、分期实施的原则设置。

5　长度 $L>200m$ 的高速公路隧道、一级公路隧道应设置照明，长度 $100m<L\leqslant 200m$ 高速公路光学长隧道、一级公路光学长隧道应设置照明。

二、三、四级公路的隧道可根据具体情况设置照明设施。

设置照明的隧道洞口内外亮度应顺适过渡，不设置照明的隧道应加强设置视线诱导设施。

6 特长隧道和高速公路、一级公路的长隧道，必须配置紧急呼叫设施、火灾报警设施、消防设施与通道等。

二、三级公路的长隧道，应根据需要设置紧急呼叫设施、火灾报警设施、消防设施与通道等。

7 特长隧道和高速公路、一级公路的长隧道，必须保证重要电力负荷供电可靠。

8.0.7 隧道应制定发生交通或火灾事故的应急处理预案。

8.0.8 隧道改扩建应符合下列规定：

1 应根据公路功能、技术等级结合地形、地质、路线总体、运营状况、应急救援、原有隧道现状等，对增建隧道、原址扩建、原有隧道改造及其组合方式等进行多方案比选。

2 原址扩建和新建的隧道应按现行标准执行。利用原有隧道加固改造时，隧道主体结构可维持原标准，交通工程及附属设施应采用现行标准，同时应进行交通安全评价。

3 应根据原有隧道运营状况，做好改扩建交通组织方案设计。

8.0.9 隧道设计使用年限应符合表 8.0.9 的规定。

表 8.0.9 隧道设计使用年限（年）

名 称	衬砌、洞门等主体结构				可更换、修复构件
类 别	特长隧道	长隧道	中隧道	短隧道	特长、长、中、短隧道
高速公路、一级公路、二级公路	100	100	100	100	30
三级公路	100	100	100	50	
四级公路	100	50	50	50	

注：可更换、修复构件为隧道内边水沟、电缆沟槽、盖板等。

9 路线交叉

9.1 公路与公路平面交叉

9.1.1 平面交叉形式应根据公路网规划、地形和地质条件、相交公路的公路功能、技术等级、交通量、交通管理方式和用地条件等确定。

9.1.2 平面交叉的交通管理方式分为主路优先、无优先交叉和信号交叉三种,应根据相交公路的公路功能、技术等级、交通量等确定所采用的方式。

9.1.3 平面交叉角宜为直角,必须斜交时,交叉角应大于45°。同一位置平面交叉岔数不宜多于5条。

9.1.4 两相交公路的技术等级或交通量相近时,平面交叉范围内的设计速度可适当降低,但不宜低于路段设计速度的70%。

平面交叉右转弯车道的设计速度不宜大于40km/h;左转弯车道的设计速度不宜大于20km/h。

9.1.5 平面交叉的间距应根据其对行车安全、通行能力和交通延误等的影响确定。有条件时应尽量通过支路合并等措施,减少平交口数量,增大平交口间距。一、二级公路平面交叉的最小间距应不小于表9.1.5的规定。

表9.1.5 平面交叉最小间距

公路等级	一级公路			二级公路	
公路功能	干线公路		集散公路	干线公路	集散公路
	一般值	最小值			
间距(m)	2 000	1 000	500	500	300

9.1.6 三级及三级以上公路的平面交叉均应进行渠化设计。

9.1.7 各级公路平交范围内应进行通视三角区停车视距检验。

9.2 公路与公路立体交叉

9.2.1 符合下列条件时设置立体交叉：
1 高速公路与各级公路交叉必须采用立体交叉。
2 一级公路与交通量大的公路交叉应采用立体交叉。
3 二、三、四级公路间的交叉，直行交通量大时，宜采用立体交叉。

9.2.2 立体交叉分为互通式立体交叉和分离式立体交叉，符合下列条件时应设置互通式立体交叉：
1 高速公路与承担干线和集散功能的公路相交时。
2 高速公路与连接其他重要交通源的连接线公路相交时。
3 作为干线功能的一级公路与其他干线公路和集散公路相交时。
4 一级公路采用平面交叉冲突交通量较大，通过渠化或信号控制仍不能满足通行能力要求时。

9.2.3 符合本标准第9.2.1条规定条件，但不符合本标准第9.2.2条规定条件时宜设置分离式立体交叉。

9.2.4 互通式立体交叉分为枢纽互通式立交和一般互通式立交，设置应符合下列规定：
1 相邻互通式立体交叉的间距不宜小于4km。
受地形条件或其他特殊情况限制，经论证相邻互通式立体交叉的间距需适当减小时，其上一互通式立体交叉加速车道终点至下一互通式立体交叉减速车道起点之间的距离不得小于1 000m，且应进行专项交通工程设计，设置完善、醒目的标志、标线和警示、诱导设施。
相邻互通式立体交叉的间距小于上述规定的1 000m最小值，且经论证必须设置时，应将两互通式立体交叉合并设置为复合式互通式立体交叉。
2 相邻互通式立体交叉的最大间距不宜大于30km。在人烟稀少地区，其间距可适当加大，但应在适当位置设置"U形转弯"设施。
3 互通式立体交叉与服务区、停车区、客运汽车停靠站、隧道等其他重要设施之间的距离应能满足设置出口预告标志的需要。
4 互通式立体交叉匝道设计速度应符合表9.2.4的规定。

表9.2.4 互通式立体交叉匝道设计速度

匝道形式		直连式	半直连式	环形匝道
匝道设计速度（km/h）	枢纽互通式立体交叉	50~80	40~80	40
	一般互通式立体交叉	40~60	40~60	30~40

5 互通式立体交叉匝道车道数应根据匝道交通量和匝道长度确定。主线与匝道或匝道与匝道的分、合流连接部，应保持车道数的平衡。

9.2.5 公路与公路立体交叉跨线桥桥下净空应符合本标准第 3.6.1 条的规定，并应满足桥下公路的视距要求，其结构形式应与周围环境相协调。

9.3 公路与铁路相交叉

9.3.1 高速公路、一级公路与铁路相交叉时，必须设置立体交叉。

9.3.2 高速铁路、准高速铁路和路段旅客列车设计行车速度为 140km/h 的铁路与公路相交叉时，必须设置立体交叉。

9.3.3 公路、铁路相交叉，符合下列情况之一者应设置立体交叉：
1 铁路与二级公路相交叉时。
2 路段旅客列车设计行车速度为 120km/h 的铁路与公路相交叉时。
3 由于铁路调车作业对公路上行驶车辆会造成严重延误时。
4 受地形等条件限制，采用平面交叉会危及行车安全时。

9.3.4 铁路跨越公路上方时，其跨线桥下净空及布孔应符合本标准第 3.6.1 条公路建筑限界、第 4.0.15 条视距的规定，以及对前方信息识别的要求。
铁路穿越公路下方时，公路跨线桥下净空应符合现行铁路净空限界标准的规定。

9.3.5 公路、铁路平面相交时，宜为正交；必须斜交时，交叉角度应大于 45°，且道口应符合侧向瞭望视距的规定。

9.3.6 铁路与公路平行相邻时，铁路用地界与高速公路用地界间距不宜小于 30m，与一、二级公路用地界间距不应小于 15m，与三、四级公路用地界间距不应小于 5m。

9.4 公路与乡村道路相交叉

9.4.1 公路与乡村道路相交叉的位置、形式、间距等的确定，应考虑县、乡（镇）土地利用总体规划中农业耕作机械需求。必要时应结合规划，对农业机耕道作适当调整或归并。

9.4.2 高速公路与乡村道路相交叉必须设置通道或天桥。

一级公路与乡村道路相交叉宜设置通道或天桥。

二、三级公路与乡村道路相交叉应设置平面交叉，四级公路与乡村道路相交宜设置平面交叉，地形条件有利或公路交通量大时宜设置通道或天桥。

二、三、四级公路与乡村道路相交时，应对其交叉范围一定长度的路段进行改造，使其达到四级公路的标准。

二级及二级以上公路位于城镇或人口稠密的村落或学校附近时，宜设置专供行人横向通行的人行地道或人行天桥。

9.4.3 车行通道的净空应符合下列规定：

1 通行拖拉机、畜力车时，通道净高应不小于2.70m；通行农用汽车时，通道净高应不小于3.20m。

2 通道净宽应根据交通量和通行农业机械类型选用，一般应不小于4.00m；通道过长或敷设排水渠时，宜视情况加宽。

9.4.4 人行通道净高应不小于2.20m；净宽应不小于4.00m。

9.4.5 车行天桥桥面净宽按交通量和通行农业机械类型可选用4.50m或7.00m；其汽车荷载应符合本标准第7.0.2条有关四级公路汽车荷载等级的规定。

9.4.6 人行天桥桥面净宽应大于或等于3.00m；其人群荷载应符合本标准第7.0.8条的规定。

9.5 公路与管线等相交叉

9.5.1 电信线、电力线、电缆、管道等均不得侵入公路建筑限界，不得妨害公路交通安全和人员安全，并不得损害公路的构造和设施。

9.5.2 架空送电线路与公路相交叉时，宜为正交；必须斜交时，交叉角度应大于45°。架空送电线路跨越公路时，送电线路导线与公路交叉处距路面的最小垂直距离必须符合相应送电线路标称电压规定的要求。

9.5.3 原油管道、天然气输送管道与公路相交叉时，宜为正交；必须斜交时，交叉角度应大于30°。

9.5.4 管道与各级公路相交叉且采用下穿方式时，应设置地下通道（涵）或套管。通道或套管应按相应公路等级的汽车荷载等级进行验算。

9.5.5 严禁易燃、易爆、高压等管线设施利用或通过公路桥梁和隧道。

9.6 动物通道

9.6.1 公路应结合沿线放牧及野生动物迁徙需要，选择合理位置设置必要的动物通道。

9.6.2 穿越草原区域的封闭公路，应根据放牧等需要修建沿公路通行的便道（牧道）。

10 交通工程及沿线设施

10.1 一般规定

10.1.1 交通工程及沿线设施的建设规模与标准应根据公路网规划、公路的功能、等级、交通量、运营条件等综合论证确定。

10.1.2 交通工程及沿线设施总体设计应符合公路总体设计的要求，相互匹配，协调统一，充分发挥公路的整体效益。

10.1.3 交通工程及沿线设施应按照"保障安全、提供服务、利于管理"的原则进行设计。

10.1.4 交通工程及沿线设施包括交通安全设施、服务设施和管理设施三种，各项设施应按统筹协调、总体设计的原则设置，并应结合交通量的增长与技术发展状况等逐步补充、完善。

10.1.5 对于改扩建工程，交通工程及沿线设施应配合公路主体工程的改扩建方案，提供配套的交通工程及沿线设施的设计和施工组织方案。

10.2 交通安全设施

10.2.1 交通安全设施包括交通标志、标线、护栏、视线诱导设施、隔离栅、防落网、防眩设施、防风栅、防雪（沙）栅、积雪标杆等。

10.2.2 交通安全设施应根据公路功能、交通组成、公路环境、运营条件等设置，以满足交通安全管理与服务的需求。

10.2.3 公路应设置完善的交通标志和标线，并应符合下列规定：
1 交通标志、标线应总体布局、合理设置，重要信息应重复设置或连续设置。
2 交通标志的位置应保证其视认性，与其他标志或设施不应相互遮挡。
3 交通标志与标线应根据实际需求配合使用，应互为补充、含义一致，并与其他设施相协调。

10.2.4 公路路侧护栏设置应符合下列规定：
1 公路路侧净区的宽度不足时，应按护栏设置原则确定是否设置护栏。
2 桥梁与高路堤路段必须设置路侧护栏。
3 路侧有悬崖、深谷、深沟、江河湖泊等路段应设置路侧护栏。
4 高速公路和作为干线的一级公路，整体式断面中间带宽度小于或等于12m时，必须连续设置中央分隔带护栏。
5 应根据车辆驶出路外可能造成的伤害程度，结合公路设计速度、几何指标、交通量、交通组成等因素合理确定护栏防护等级。
6 不同形式的护栏相接时应进行过渡设计。

10.2.5 轮廓标的设置应符合下列规定：
1 高速公路、一级公路的主线及其互通式立体交叉，服务区、停车区等处的进出匝道、连接道、中央分隔带开口以及避险车道等应连续设置轮廓标。
2 二级及二级以下公路的视距不良路段、车道数或车道宽度有变化的路段及连续急弯陡坡路段宜设置轮廓标，其他路段视需要可设置轮廓标。
3 隧道内应设置轮廓标。

10.2.6 公路隔离栅设置应符合下列规定：
1 高速公路、一级公路需要控制出入的路段两侧宜连续设置，也可利用天然屏障间隔设置。
2 其他公路可根据需要设置。

10.2.7 公路防落网设置应符合下列规定：
1 公路跨越铁路、通航河流、交通量较大的其他公路时。
2 公路路堑边坡可能有落石并影响交通安全的路段。

10.2.8 高速公路和一级公路应根据需要设置防眩设施。

10.2.9 连续长、陡下坡路段设置避险车道时，应设置配套的标志、标线及隔离、防护、缓冲等安全设施。

10.2.10 为集散公路的一级公路，整体式断面中间带应设置隔离设施。

10.2.11 风、雪、沙等危及公路行车安全的路段，应设置防风栅、防雪（沙）栅、积雪标杆等安全设施。

10.3 服务设施

10.3.1 服务设施包括服务区、停车区和客运汽车停靠站。

10.3.2 服务区、停车区的位置应根据区域路网、建设条件、景观和环保要求等规划和布设。客运汽车停靠站的位置宜根据地区公路交通规划、公路沿线城镇分布、出行需求布设。

10.3.3 服务区设置应符合下列规定：
1 高速公路应设置服务区，作为干线的一、二级公路宜设置服务区。服务区平均间距宜为50km；当沿线城镇分布稀疏，水、电等供给困难时，可增大服务区间距。
2 高速公路服务区应设置停车场、加油站、车辆维修站、公共厕所、室内外休息区、餐饮、商品零售点等设施。根据公路环境和需求可设置人员住宿、车辆加水等设施。
3 作为干线的一、二级公路服务区宜设置停车场、加油站、公共厕所、室外休息点等设施，有条件时可设置餐饮、商品零售点、车辆加水等设施。

10.3.4 停车区设置应符合下列规定：
1 高速公路应设置停车区，作为干线的一、二级公路宜设置停车区。停车区可在服务区之间布设一处或多处，停车区与服务区或停车区之间的间距宜为15~25km。
2 停车区应设置停车场、公共厕所、室外休息区等设施。

10.3.5 客运汽车停靠站应设置车辆停靠和乘客候车设施，可与服务区结合设置。

10.3.6 作为集散的一、二级公路和三、四级公路可根据需要设置加油站、公共厕所及客运汽车停靠站等设施。

10.4 管理设施

10.4.1 管理设施包括监控、收费、通信、供配电、照明和管理养护等设施，应符合下列规定：
1 高速公路应设置监控、收费、通信、供配电、照明和管理养护设施。其他等级的公路可根据需求设置。
2 监控、收费、通信、供配电、照明和管理养护等设施应根据交通量进行总体设计、分期实施，并据此实施基础工程、地下管线及预留预埋工程等。

10.4.2 监控设施应符合下列规定：

1 监控设施分为 A、B、C、D 四个等级。

A 级：应全线设置视频监视、动态信息发布及交通诱导设施，结合收费站、特大桥、隧道前、互通式立交、服务区等重点或有特殊需求路段，设置交通事件检测、交通量检测、环境信息检测、匝道控制设施。实现全线的全程监控、动态信息发布和交通诱导。

B 级：应在收费站、特大桥、互通式立交、服务区等重点或有特殊需求路段，设置视频监视、交通事件检测、交通量检测、环境信息检测、匝道控制、动态信息发布及交通诱导设施。实现全线的重点监控、动态信息发布和交通诱导。

C 级：宜在特大桥、服务区、客运汽车停靠站、公路平面交叉口等重点或有特殊需求路段，设置视频监视、交通事件检测、交通量检测、动态信息发布及交通诱导设施。

D 级：可在特大桥、加油站、客运汽车停靠站、主要公路平面交叉口等重点或有特殊需求路段，设置交通量检测、现场交通信息提示及交通诱导设施。

2 各等级监控设施的适用范围可依据表 10.4.2 确定。

表 10.4.2 各等级监控设施的适用范围

监控设施等级	适 用 范 围
A	高速公路（全程监控）
B	高速公路（分段监控）
C	干线一级、二级公路
D	集散公路、支线公路

3 当桥梁、隧道设置结构监测、养护监测等设施时，应与路段的监控设施统一规划设计，协调管理。

10.4.3 收费设施应符合下列规定：

1 收费设施应与公路设计采用的服务水平相协调。收费广场出口和入口的收费车道数均不应小于 2 条。新建收费设施应同步建设 ETC 车道。

2 省界主线收费站宜采用合建方式。

3 收费系统机电设备可按开通后的第 15 年交通量配置；收费岛、收费广场、地下通道、收费大棚等设施宜按开通后第 15 年的交通量配置；收费广场用地、站房用地、建筑和土方工程用地应按开通后第 20 年的交通量实施。

4 客车应采用分车型收费方式，货车宜采用计重收费方式。

10.4.4 通信设施应符合下列规定：

1 通信设施应满足监控、收费和管理等业务需求，结合路网统一规划、统一标准、统一体制，提供语音、数据、图像信息服务平台。

2 高速公路的通信管道应按远期规划设计。通信管道敷设容量应综合考虑交通专网需求、社会租赁需求和扩容要求确定。省际之间应保证一条用于干线联网的通信管道。

10.4.5 供配电、照明设施应符合下列规定：

1 应根据公路特点、系统规模、负荷性质、用电量、电源条件、电网发展规划，在满足近期要求的同时，兼顾远期发展需要，合理确定外部电源、自备应急电源的供配电系统方案。

2 高压输电线路工程应结合工程特点、规模和远期发展状况，施工临时用电和运营永久性用电相结合实施。

3 收费广场、服务区广场、避险车道、检测点（站）等应设置照明设施，位于城市出入口路段的互通式立体交叉、特大桥、机场高速公路、环城高速公路可设置照明设施。

10.4.6 管理中心、管理分中心、管理站（所）宜结合公路管理需求设置。

10.4.7 养护设施应根据公路养护业务需求设置养护工区和道班房。高速公路宜设置养护工区，其他等级公路宜设置道班房。

10.4.8 公路管理养护管理设施宜结合地形和业务范围选址合建。

10.4.9 公路管理房屋建筑应布局合理、经济适用、环保节能，与周围环境相协调。房屋建筑规模宜根据设计交通量确定。

附录 A　公路服务水平分级

A.0.1　本次修订依据专题研究成果，采用 v/C 值来衡量拥挤程度，作为评价服务水平的主要指标，同时采用小客车实际行驶速度与自由流速度之差作为次要评价指标，将服务水平分为六级，分别代表一定运行条件下驾驶员的感受。具体的服务水平划分如表 A.0.1-1～表 A.0.1-3 所示。

表 A.0.1-1　高速公路路段服务水平分级

服务水平等级	v/C 值	设计速度（km/h）		
		120	100	80
		最大服务交通量 [pcu/(h·ln)]	最大服务交通量 [pcu/(h·ln)]	最大服务交通量 [pcu/(h·ln)]
一	$v/C \leq 0.35$	750	730	700
二	$0.35 < v/C \leq 0.55$	1 200	1 150	1 100
三	$0.55 < v/C \leq 0.75$	1 650	1 600	1 500
四	$0.75 < v/C \leq 0.90$	1 980	1 850	1 800
五	$0.90 < v/C \leq 1.00$	2 200	2 100	2 000
六	$v/C > 1.00$	0～2 200	0～2 100	0～2 000

注：v/C 是在基准条件下，最大服务交通量与基准通行能力之比。基准通行能力是五级服务水平条件下对应的最大小时交通量。

表 A.0.1-2　一级公路路段服务水平分级

服务水平等级	v/C 值	设计速度（km/h）		
		100	80	60
		最大服务交通量 [pcu/(h·ln)]	最大服务交通量 [pcu/(h·ln)]	最大服务交通量 [pcu/(h·ln)]
一	$v/C \leq 0.3$	600	550	480
二	$0.3 < v/C \leq 0.5$	1 000	900	800
三	$0.5 < v/C \leq 0.7$	1 400	1 250	1 100
四	$0.7 < v/C \leq 0.9$	1 800	1 600	1 450
五	$0.9 < v/C \leq 1.0$	2 000	1 800	1 600
六	$v/C > 1.0$	0～2 000	0～1 800	0～1 600

注：v/C 是在基准条件下，最大服务交通量与基准通行能力之比。基准通行能力是五级服务水平条件下对应的最大小时交通量。

表 A.0.1-3　二、三、四级公路路段服务水平分级

服务水平	延误率（%）	设计速度（km/h）									
		80				60				≤40		
		速度（km/h）	v/C			速度（km/h）	v/C			速度（km/h）	v/C		
			禁止超车区（%）				禁止超车区（%）				禁止超车区（%）		
			<30	30~70	≥70		<30	30~70	≥70		<30	30~70	≥70
一	≤35	≥76	0.15	0.13	0.12	≥58	0.15	0.13	0.11		0.14	0.12	0.10
二	≤50	≥72	0.27	0.24	0.22	≥56	0.26	0.22	0.20		0.25	0.19	0.15
三	≤65	≥67	0.40	0.34	0.31	≥54	0.38	0.32	0.28		0.37	0.25	0.20
四	≤80	≥58	0.64	0.60	0.57	≥48	0.58	0.48	0.43		0.54	0.42	0.35
五	≤90	≥48	1.00	1.00	1.00	≥40	1.00	1.00	1.00		1.00	1.00	1.00
六	>90	<48	—	—	—	<40	—	—	—		—	—	—

注：1. 设计速度为80km/h、60km/h和40km/h时，路面宽度为9m的双车道公路，其基准通行能力分别为：2 800 pcu/h、2 500 pcu/h和2 400 pcu/h。
　　2. v/C是在基准条件下，最大服务交通量与基准通行能力之比。基准通行能力是五级服务水平条件下对应的最大小时交通量。
　　3. 延误率为车头时距小于或等于5s的车辆数占总交通量的百分比。

根据交通流状态，各级服务水平分定性描述如下：

1　一级服务水平，交通流处于完全自由流状态。交通量小，速度高，行车密度小，驾驶员能自由地按照自己的意愿选择所需速度，行驶车辆不受或基本不受交通流中其他车辆的影响。在交通流内驾驶的自由度很大，为驾驶员、乘客或行人提供的舒适度和方便性非常优越。较小的交通事故或行车障碍的影响容易消除，在事故路段不会产生停滞排队现象，很快就能恢复到一级服务水平。

2　二级服务水平，交通流状态处于相对自由流的状态，驾驶员基本上可按照自己的意愿选择行驶速度，但是开始要注意到交通流内有其他使用者，驾驶人员身心舒适水平很高，较小交通事故或行车障碍的影响容易消除，在事故路段的运行服务情况比一级差些。

3　三级服务水平，交通流状态处于稳定流的上半段，车辆间的相互影响变大，选择速度受到其他车辆的影响，变换车道时驾驶员要格外小心，较小交通事故仍能消除，但事故发生路段的服务质量大大降低，严重的阻塞后面形成排队车流，驾驶员心情紧张。

4　四级服务水平，交通流处于稳定流范围下限，但是车辆运行明显地受到交通流内其他车辆的相互影响，速度和驾驶的自由度受到明显限制。交通量稍有增加就会导致服务水平的显著降低，驾驶人员身心舒适水平降低，即使较小的交通事故也难以消除，会形成很长的排队车流。

5　五级服务水平，为交通流拥堵流的上半段，其下是达到最大通行能力时的运行状态。对于交通流的任何干扰，例如车流从匝道驶入或车辆变换车道，都会在交通流中产生一个干扰波，交通流不能消除它，任何交通事故都会形成长长的排队车流，车流行

驶灵活性极端受限,驾驶人员身心舒适水平很差。

6 六级服务水平,是拥堵流的下半段,是通常意义上的强制流或阻塞流。这一服务水平下,交通设施的交通需求超过其允许的通过量,车流排队行驶,队列中的车辆出现停停走走现象,运行状态极不稳定,可能在不同交通流状态间发生突变。

附录 B 货车停车视距、识别视距

B.0.1 货车停车视距

停车视距和货车停车视距对照如表 B.0.1-1、表 B.0.1-2 所示。

表 B.0.1-1 高速公路、一级公路停车视距和货车停车视距

设计速度（km/h）	120	100	80	60
停车视距（m）	210	160	110	75
货车停车视距（m）	245	180	125	85

表 B.0.1-2 二、三、四级公路停车视距和货车停车视距

设计速度（km/h）	80	60	40	30	20
停车视距（m）	110	75	40	30	20
货车停车视距（m）	125	85	50	35	20

货车停车视距在下坡路段，应随坡度大小进行修正，其值如表 B.0.1-3 所示。

表 B.0.1-3 货车停车视距

纵坡坡度（%）		设计速度（km/h）									
		120	110	100	90	80	70	60	50	40	30	20
下坡方向	0	245	210	180	150	125	100	85	65	50	35	20
	3	265	225	190	160	130	105	89	66	50	35	20
	4	273	230	195	161	132	106	91	67	50	35	20
	5	—	236	200	165	136	108	93	68	50	35	20
	6	—	—	—	169	139	110	95	69	50	35	20
	7	—	—	—	—	—	—	—	70	50	35	20
	8	—	—	—	—	—	—	—	—	—	35	20
	9	—	—	—	—	—	—	—	—	—	—	20

B.0.2 识别视距

识别视距（identifying sight distance）是指车辆以一定速度行驶中，驾驶员自看清前方分流、合流、交叉、渠化、交织等各种行车条件变化时的导流设施、标志、标线，做出制动减速、变换车道等操作，至变化点前使车辆达到必要的行驶状态所需要的最短行驶距离。不同设计速度对应的识别视距如表 B.0.2 所示。

表 B.0.2 不同设计速度对应的识别视距

设计速度（km/h）	120	100	80	60
识别视距（m）	350（460）	290（380）	230（300）	170（240）

注：括号中为行车环境复杂、路侧出入口提示信息较多时应采取的视距值。

本标准用词说明

本标准执行严格程度的用词，采用下列写法：

1）表示很严格，非这样做不可的用词，正面词采用"必须"，反面词采用"严禁"；

2）表示严格，在正常情况下均应这样做的用词，正面词采用"应"，反面词采用"不应"或"不得"；

3）表示允许稍有选择，在条件许可时首先应这样做的用词，正面词采用"宜"，反面词采用"不宜"；

4）表示有选择，在一定条件下可以这样做的用词，采用"可"。

附件

《公路工程技术标准》

(JTG B01—2014)

条 文 说 明

1 总则

1.0.1 制定本标准的目的是为统一公路工程技术标准、合理控制工程建设规模、规范公路工程建设行为、维护公路权益提供依据。

1.0.3 本条是公路建设要遵循的基本原则。每一条公路在路网中应有其自身的功能。公路建设时首先要根据项目的地区特点、交通特性、路网结构分析拟建项目在路网中的地位和作用，明确公路功能，再按照公路功能结合交通量、地形条件等选用技术等级、设计速度等主要技术指标，本次修订明确将功能作为确定公路技术等级和主要技术指标的依据。一般情况下，公路采用的技术指标应该满足所需要的功能要求，但是由于功能需求的多样化，满足所有功能需求有困难时，应比较各功能的重要性，判断应该重视的功能，确定应该采用的技术标准和指标。

一直以来，公路技术等级主要以交通量为依据选用，对道路所处区域特点及交通网络结构考虑较少。当前，我国公路发展已处于完善路网阶段，以交通量为主导确定公路等级的结果是不同交通功能的公路，由于交通量类似，而按同样的标准修建，不利于构建合理的路网结构，更好地利用有限的资源，也不利于充分发挥公路建设的投资效益。

在国外，美国和日本的道路规划和设计都已经从以交通量为中心向重视公路多功能为基础确定技术标准和指标方向转变。美国早期的公路设计中，几何设计标准和通行能力水平也都是根据交通量范围分类的。但是随着公路网的完善，提出了公路按功能分类的理论和方法。目前美国的《公路与城市道路几何设计》明确提出了公路功能分类及方法，公路标准与服务水平应根据公路的功能确定，交通量则用来使各类标准制定得更精细。设计过程的第一步就是定义公路设施的服务功能。日本以前在公路的规划和设计时也是主要考虑交通量，日本《道路构造令说明与运用》（2003版）明确规定把交通功能作为道路级别划分的主要依据。

公路功能应根据公路的区域特点、交通特性、路网结构综合分析确定。公路的区域特点考虑要素：土地利用、气象条件、地形地貌、历史文化、灾害、公共交通、通信、城市建设的现状和规划等；交通特性考虑要素：汽车、行人、自行车等各自的交通量以及车辆类型、出行距离、交通量变化特征、速度分布等；路网结构考虑要素：该公路在全国或者区域交通网中的地位和作用。

按公路功能确定公路技术等级和主要技术指标，有利于路网结构的完善、资源的有效利用、公路技术指标的合理选用，有利于公路建设更好地与城市规划建设、抗灾救灾、交通安全等相协调，发挥其功能和作用。

本次标准修订的明显特点就是突出功能的地位，明确在确定公路技术标准，选取公路各部分的技术指标时，以公路及其设施的基本功能为基点，使公路建成后能够满足主要功能的需要。

1.0.4 公路建设项目由主体工程（土建工程）与交通工程及沿线设施构成一个整体，要使这两个部分协调配套，共同发挥作用，总体设计就非常必要。另外，这两个部分又自成体系，各自都有一个协调配套的要求，因此各自都应该进行总体设计，包括两个方面：一是主体工程、交通工程及沿线设施（包括安全设施、服务设施和管理设施）各自都应进行总体设计，以充分发挥各自的功能和作用；二是公路项目应在组合这两部分工程设施的基础上进行项目的总体设计，以充分发挥项目的整体功能和作用。

1.0.5 根据《土地管理法》，国家实行土地用途管理制度。国家编制土地利用总体规划，将土地分为农用地、建设用地和未利用地。公路建设项目必须依法申请使用国有土地。

本次对公路的用地范围根据《公路工程项目建设用地指标》（建标〔2011〕124号）作了进一步细化，明确了不良地质、特殊土地带设置防护设施及采取工程处治措施，以及桥梁、隧道、互通式立体交叉、平面交叉、各种交通工程设施等，根据实际需要确定用地范围。

1.0.6 为实现公路建设事业的可持续发展，公路建设必须执行国家《环境保护法》和《循环经济促进法》等有关环境保护和资源节约的法律法规，并贯穿于整个工程建设的全过程。根据近年公路建设的经验，应贯彻保护优先的原则，应采取必要的措施优先保护公路沿线的生态环境和生活环境。要求高速公路和一、二级公路建设应进行环境影响评价和水土保持方案评价；另外，对于有特殊要求地区的三、四级公路也应根据需要进行环境影响评价和水土保持方案评价。这里特殊要求地区是指：环境脆弱地区、生态敏感地区和容易造成严重水土流失的地区。

公路新建和改扩建等都需要采取的大量砂石料，将给自然环境带来巨大的压力。因此，公路新建和改扩建都应充分利用公路的废旧材料，以节约资源，保护环境。本标准修订时，自始至终贯彻这一指导思想。

1.0.7 关于四车道整体式高速公路的横向分期修建，多个项目已经证明，四车道整体式高速公路的横向分期修建，并按一幅高速公路双向开放交通时，其教训极为深刻，因此，明确规定高速公路整体式断面路段不得采用横向分幅分期修建。

本次修订根据交通运输部《关于西部沙漠戈壁与草原地区高速公路建设执行技术标准的若干意见》（交公路发〔2011〕400号），以及近年的工程实践，对于地广人稀、小交通量的戈壁、沙漠、草原以及处于交通末端的地区，明确高速公路分离式断面路段可以实施横向分幅分期修建。但是，为安全计，先期建成的一幅按双向通车时，应按二级公路通车条件管理，行车速度不应超过80km/h。对于高速公路而言，小交通量是指设计交通量小于15 000辆/日（以下同）。

1.0.8 本条是对公路改扩建的原则规定。

公路改扩建是指在现有公路的基础上，为提高公路技术等级、增加公路容量或改善公路技术指标而进行的公路建设工程，包括公路的"改善"、"改建"、"扩建"等多种含义。《标准》03版中的公路改建也是此意，只是限于当时对高速公路的改扩建研究较少，"改建"工程主要是指二、三、四级公路等级提升或改变功能的公路建设工程，对高速公路改扩建工程的改扩建时机、交通量预测年限、临时安全设施设计采用的设计速度等技术指标没有相应的规定。

近年来，我国已经完成了沈阳至大连、上海至南京等一批高速公路改扩建工程，取得了丰富的工程经验和大量的研究成果。交通运输部也启动了相关公路改扩建项目的研究工作，同时下发了《关于高速公路改扩建工程中有关技术问题处理的若干意见》（交公路发〔2013〕635号）。本次修订在以上工作基础上，对高速公路改扩建的有关内容进行了补充完善。

本条明确，公路改扩建时首先应对改扩建方案和新建方案进行比选论证。通过对工程规模、建设条件、交通组织、交通安全等技术经济指标进行全面分析比较之后，确定最优方案。当采用改扩建方案时，应符合下列规定：

1 公路的改扩建时机应根据服务水平、经济发展水平、现有公路运营条件、路网结构调整等多种因素确定。本标准仅对服务水平与改扩建时机的相关性做出了规定。经研究，高速公路一般以原高速公路的服务水平降低到二级水平下限（指《标准》03版的服务水平等级，相当于本标准的三级服务水平）之前实施为宜，其他公路目前尚未作研究，建议参考高速公路的研究成果，即一级公路服务水平降低到二级水平下限（本标准三级）之前，二、三级公路服务水平降低到三级服务水平下限（本标准四级）之前可考虑实施改扩建，四级公路可根据实际情况确定。

2 当为提高公路等级改建公路时，局部路段由于提高设计速度将诱发严重的工程地质病害或者对保护环境、文物影响较大时，该局部路段可维持原设计速度，但其长度应有所限制，一般情况下，高速公路不宜大于15km，一、二级公路不宜大于10km，不同设计速度路段间速度差不宜大于20km/h。

3 高速公路改扩建对施工期间的交通通行与交通安全会产生较大影响，且不同的交通组织会影响具体实施方案的确定，因此，规定高速公路改扩建应在进行交通组织设计和交通安全设计的基础上完成高速公路的改扩建设计。且在工程实施过程中，应减少对既有公路的干扰，采取保证通行安全的措施，维持通车路段的服务水平可在原设计服务水平上降低一级，设计速度不宜低于60km/h，但施工期间的维持通车速度应根据该路段设计速度、交通组成、交通管理水平等确定。

4 对于一、二、三级公路改扩建，为了维持通车并加强安全措施，规定应作保通设计方案。

5 本次修订根据交通运输部《关于西部沙漠戈壁与草原地区高速公路建设执行技术标准的若干意见》（交公路发〔2011〕400号），对于地广人稀、小交通量的戈壁、沙漠、草原以及处于交通末端的地区，明确了高速公路分离式断面路段利用现有二级公路改建为一幅时，其设计洪水频率可维持原标准不变。

1.0.9 近年来，随着我国城镇化步伐加快，以及区域经济的蓬勃发展，城市周边地区、中心城市与卫星城之间以及城市群之间的公路大量涌现。这些公路的功能与一般公路的功能明显不同，除机动车交通量以外，行人和自行车等非机动车交通量也很大。目前各地在公路建设中，都采取预留或设置非机动车道和人行道的方式解决这一需求。根据我国经济发展现状和工程实践，本条明确，在非机动车、行人密集路段，可根据具体情况设置非机动车道和人行道。

1.0.11 近年来，我国发生了多次重大的地震、洪水等自然灾害，公路在抢险救灾中起着关键的作用。特别对山区及边远地区，公路往往成为联系外界的唯一通道，在运送抢险救灾物资和人员中发挥着不可替代的作用，成为抢险救灾的生命线。因此，本次修订提出对于联系城镇或区域间有抗震、救灾等特殊需求的二级及二级以下公路，可提高抗震及设计洪水频率标准，以提高公路抵御自然灾害、应对其他突发事件的能力。

1.0.12 本条是按照"全寿命设计理念"提出的，在公路建设的前期、设计、施工、运营、养护、管理的各个阶段，应进行公路项目成本效益分析。在工程项目的全寿命周期内，根据公路的功能、交通量、服务水平，以及安全、环保、可持续发展等的社会效益进行全过程、全方位的综合论证，使得公路的综合效益最佳。

3 基本规定

3.1 公路分级

3.1.1 本条对技术等级划分的依据和高速公路设计交通量进行了修订。
(1) 技术分级
本次修订从汽车运行质量、控制出入、车道数与车道内是否专供汽车行驶等几个方面考虑。

高速公路单向最少设置两个车道，对允许进入的车辆进行限制，设置中央分隔带分隔对向交通，采用立交接入等措施全部控制出入，排除纵横向干扰，为通行效率最高的公路。

一级公路单向至少设置两个车道，根据功能需要采取不同程度的控制出入。具备干线功能的一级公路，为保证其快速、大容量、安全的服务能力，通常采用部分控制出入措施，只对所选定的相交公路或其他道路提供平面出入连接，而在同其他公路、城市道路、铁路、管线、渠道等相交处设置立体交叉，并设置隔离设施以防止行人、低速车辆、非机动车以及牲畜等进入；而当一级公路用作集散公路时，纵横向干扰都较大，通常采取接入管理措施，合理控制公路和周围土地接口的位置、数量、形式，提高安全保障和服务水平。

二级公路是在行车道内供汽车行驶的双车道公路。当慢行车辆交通量较大，街道化程度严重时，可采取加宽硬路肩的方式增设慢行车道，减少纵、横向干扰，保证行车安全。

三、四级公路为供汽车、非汽车交通混合行驶的双车道公路（四级公路在交通量较小时采用单车道），允许拖拉机等慢行车辆和非机动车使用行车道，其混合交通特征明显，抑制干扰能力最弱。

(2) 设计交通量
本次修订对高速公路、一级公路适应交通量进行了调整。由于《标准》03版规定了各级公路的适应交通量，但多车道公路适应交通量受车道数、设计小时交通量系数、方向分布系数及道路条件等多个因素影响，加之本次修订又增加了服务水平分级，公路服务水平由四级调整为六级，即将原二级服务水平细分为二级和三级，原四级服务水平变为五级与六级，以体现依据公路功能和地区差异选取设计服务水平的灵活设计思想。使得原适应交通量范围进一步扩大，重叠范围更多，准确性更差，而且适应交通量在使用中存在歧义。故本次修订将原标准适应交通量更名为设计交通量，并按照公路功能决定技术等级的原则，采用双车道二级公路上限交通量 15 000 辆/日，作为高速公路和一级公路的设计交通量下限值，不再给出上限值。具体的高速公路、一级公路远景年不同服务水平下的年平均日交通量，按式（3-1）计算：

$$AADT = \frac{C_D N}{KD} \tag{3-1}$$

式中：$AADT$——年平均日交通量（pcu/d）；

C_D——设计服务水平下单车道服务交通量；

K——设计小时交通量系数，由当地交通量观测数据确定；

D——方向不均匀系数；

N——单方向车道数。

二、三、四级公路设计小时交通量应按整个断面交通量，因此其年平均日设计交通量应按式（3-2）计算：

$$AADT = C_D \times R_D / K \tag{3-2}$$

式中：$AADT$——年平均日设计交通量；

C_D——二、三、四级公路的设计通行能力；

R_D——二、三、四级公路的方向分布修正系数；

K——设计小时交通量系数，根据当地交通量观测数据确定。

二、三、四级公路由于运行质量受双方向流量比、超车视距、管理水平、路侧干扰等多项因素的影响，其设计通行能力与设计交通量的范围较大，并有一定的重叠交叉。设计推荐采用的双车道二、三、四级公路年平均日设计交通量如表3-1。

表3-1 二、三、四级公路的年平均日设计交通量

公路等级	设计速度（km/h）	设计通行能力（pcu/d）	方向分布修正系数	设计小时交通量系数	年平均日设计交通量（pcu/d）
二级公路	40~80	550~1 600	0.88~1.0	0.9~0.19	5 000~15 000
三级公路	30~40	400~700	0.88~1.0	0.1~0.17	2 000~6 000
四级公路	20	<400	0.88~1.0	0.13~0.18	<2 000

单车道的四级公路考虑到当前公路建设的政策、各等级公路年平均日设计交通量范围的连续性等，其年平均日设计交通量为 400pcu/d 以下。

3.1.2 本条突出以公路功能选取技术等级的理念，同时考虑到不同地区经济发展水平与地形、地貌差异影响，各地公路交通发展不均衡，为了体现差异性，同一功能类别的公路不宜只对应一个技术等级的公路。选用技术等级时，应首先根据公路网规划、地区特点、公路的交通特性等因素确定公路功能，然后根据功能结合交通量论证选用公路等级。

公路按照交通功能分为干线公路、集散公路和支路三类。干线公路细分为主要干线公路和次要干线公路，集散公路细分为主要集散公路与次要集散公路。

（1）主要干线公路：

①连接20万人口以上的大中城市、交通枢纽、重要对外口岸和军事战略要地。

②提供省际间及大中城市间长距离、大容量、高速度的交通服务。

（2）次要干线公路：

①连接10万人口以上的城市和区域性经济中心。

②提供区域内或省域内中长距离、较高容量和较高速度的交通服务。

（3）主要集散公路：

①连接5万人口以上的县（市）、主要工农业生产基地、重要经济开发区、旅游名胜区和商品集散地。

②提供中等距离、中等容量及中等速度的交通服务。

③与干线公路衔接，使所有的县（市）都在干线公路的合适距离之内。

（4）次要集散公路：

①连接1万人口以上的县（市）、大的乡镇和其他交通发生地。

②提供较短距离、较小容量、较低速度的交通服务。

③衔接干线公路、主要集散公路与支线公路，疏散干线公路交通、汇集支线公路交通。

（5）支线公路：

①以服务功能为主，直接与用路者的出行源点相衔接。

②衔接集散公路，为地区出行提供接入与通达服务。

公路功能类别可按下列步骤确定：

（1）依照行政属性、用地性质、交通需求等实施区域划分，并将区域抽象为节点。

（2）确定节点重要度。节点重要度是定量描述区域内各节点间相对重要程度的指标，主要以总人口、工业总产值、人均收入等指标作为定量分析各节点重要度的指标。节点的层次结构见表3-2。当一条公路的主要控制点为A层节点时，该公路为主要干线公路；当主要控制点为B层节点时，该公路应为次要干线公路；当主要控制点为C层节点时，该公路应为主要集散公路；当主要控制节点为D层节点时，该公路为次要集散公路；当主要控制点为E层节点时，该公路为支线公路。

表3-2 节点的层次结构

节点层次	中心节点	主要节点
A	北京	各省会、自治区首府、直辖市、特区
B	省会或自治区首府	各地市政府所在地
C	地市政府所在地	各县（市）政府所在地
D	县市政府所在地	各乡、镇政府所在地
E	乡镇府所在地	各行政村

（3）当同一区域内存在主要控制点相近的两条或两条以上公路时，应通过路网服务指数确定其功能类别。路网服务指数为公路车公里比率与公路里程比率之比。路网服务指数越大，则公路功能类别越高。其计算方法为：规划区域内有n条公路，则第i（$i=1,\cdots,n$）条公路的车公里比率R_{VMT_i}、里程比率R_{k_i}及路网服务指数R_i按下列公式

计算。

车公里比率： $$R_{\mathrm{VMT}_i} = \frac{VKT_i}{\sum_i VKT_i} \times 100\% \tag{3-3}$$

里程比率： $$R_{k_i} = \frac{K_i}{\sum_i K_i} \times 100\% \tag{3-4}$$

路网服务指数： $$R_i = \frac{R_{\mathrm{VMT}_i}}{R_{k_i}} \tag{3-5}$$

式中：VKT_i——路网中第 i 条公路的车公里（pcu·km），即该公路上通过的车辆数与平均行驶距离的乘积；

$\sum_i VKT_i$——规划区域内路网中所有公路的车公里之和（pcu·km）；

K_i——第 i 条公路的里程（km）；

$\sum_i K_i$——规划区域内路网中所有公路的总里程（km）。

（4）公路功能分类指标包括区域层次、路网连续性、交通流特性和公路自身特性等定性和定量指标。不同地区经济发展水平与地形、地貌差异直接影响到分类指标的选取。各地区可根据规划区的实际情况自行确定。推荐的公路功能分类量化指标规定列入表3-3。

表3-3 公路功能分类指标

分类指标	功能分类				
	主要干线公路	次要干线公路	主要集散公路	次要集散公路	支线公路
适应地域与路网连续性	人口20万以上的大中城市	人口10万以上重要的市县	人口5万以上的县城或连接干线公路	连接干线公路与支线公路	直接对应于交通发生源
路网服务指数	≥15	10~15	5~10	1~5	<1
期望速度	80km以上	60km以上	40km以上	30km以上	不要求
出入控制	全部控制出入	部分控制出入或接入管理	接入管理	视需要控制横向干扰	不控制

3.2 设计车辆

3.2.1 公路采用的设计车辆其外廓尺寸、载质量和动力性能是确定公路几何参数的主要依据。根据调研显示，当前运营车辆的外廓尺寸有较多车辆长度超过16m，出现了18m、20m甚至到26m的超长车辆。从公路投资与车辆行驶安全考虑，本次修订根据我国《道路车辆外廓尺寸、轴荷及质量限值》（GB 1589—2004）的规定，考虑满足标准运营车辆100%的需求条件，增加了大型客车和铰接客车两种车型，并将原来的鞍式列车调整为18.1m长、2.55m宽的铰接列车。但在实际使用中要根据公路功能、设施类型及交通组成情况综合确定设计车型。各代表车型的外廓尺寸见图3-1。

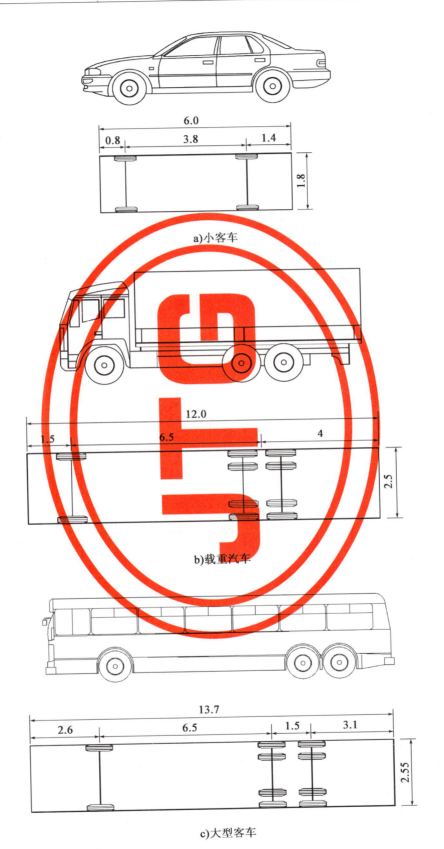

a) 小客车

b) 载重汽车

c) 大型客车

图 3-1

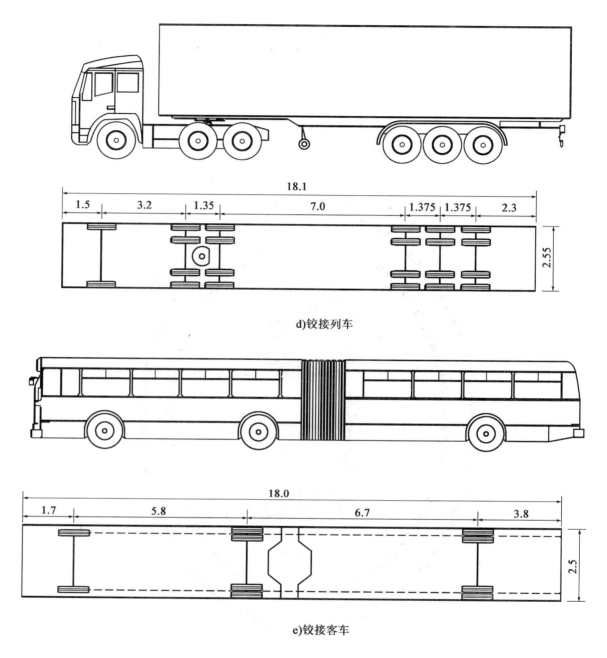

图 3-1 代表车型的外廓尺寸（尺寸单位：m）

3.3 交通量

3.3.1 公路远景预测设计年限既要考虑适应一定时期内的交通需求，又要兼顾公路投资和结构物使用年限，而应有所差异。但过长会因诸多因素的不确定性导致预测交通量误差偏大，设施闲置。故依据国内外经验，本次修订将高速公路、一级公路设计交通量预测年限均规定为 20 年；二、三级公路按 15 年预测；四级公路交通量较小，设计年限可根据实际情况确定，不排除合理的延长或减少。

3.3.2 用于交通量换算的车辆折算系数是在特定的公路、交通组成条件下，所有非标准车相当于标准车对交通流影响的当量值。考虑到标准的连续性，本条款仍提供了在公路建设前期阶段用于确定公路建设规模与公路等级的车辆折算系数与相关规定。

考虑到当前货运车辆类型多、载质量大，使得货车运行速度与小客车的差异更为明显，原标准的折算系数已不适应当前交通流的现状，故在4种车型类型分类并以小客车作为交通量换算标准车型的基础上，本次修订按照货运车辆构成比例进行了调整。

调研发现：载质量20t的载重车比例较大，且与原载质量14t的载重车动力性能基本一致，故将原来大型车14t载质量的划分标准调整为20t，同时折算系数上调0.5。而对于拖挂车，公路上实际行驶的拖挂车与小客车差异拉大，故将原折算系数调整到4.0，同时将该代表车型名称改为汽车列车，与国标内的车型名称一致。调整后的折算系数，将会导致预测交通量的整体水平提高10%左右。

3.3.3 设计小时交通量是确定公路等级、评价公路运行状态和服务水平的重要参数，设计小时交通量越小，所选用的车道数越少，公路的建设规模就越小，建设费用也就越低，但是不恰当地降低设计小时交通量会使公路的交通条件恶化、交通阻塞和交通事故增多，公路的综合经济效益降低。因此，将全年小时交通量从大到小按序排列，设计小时交通量的位置一般采用第30位小时，或根据项目特点与需求，结合当地调查结果和经济承受能力，控制在第20~40位小时交通量之间取值。

3.4 服务水平

3.4.1 调研发现：原标准四级服务水平等级划分偏粗、级差偏大，特别是设计采用的二级服务水平，交通流运行质量变化范围大，不能很好地确定改扩建时机。同时，密度作为服务水平的衡量指标，使用上没有饱和度（v/C）方便。本次依据专题研究成果，将服务水平分为六级，同时采用v/C作为评价服务水平的主要指标。

3.4.2 公路规划设计时，既要保证必要的车辆运行质量，同时又要兼顾公路建设的投资成本。在服务水平由四级改为六级基础上，高速公路与一级公路以不低于三级服务水平进行设计，既可以保持设计等级与《标准》03版一致，又突出了依据功能选用服务水平的理念，扩大了设计服务水平选用范围，以保证高峰期交通的运行质量及达到预测交通量使用年限。同样，当一、二、三级公路的功能类别高时，应该选用较高的服务水平，功能类别低时，也可降低一级，节约工程投资。

此外，各地由于经济发展水平与地形条件的差异，公路设施设计时也有选用不同设计服务水平的需要。因此，长隧道路段及非机动车与行人密集等路段，土地资源紧缺、工程造价高昂或对环境破坏严重的路段，也可选用低一级服务水平设计。

3.5 速度

3.5.1 设计速度

设计速度是确定公路几何设计指标并使其相互协调的基本要素。一经选定,公路的所有相关要素如平曲线半径、视距、超高、纵坡、竖曲线半径等指标均与其配合以获得均衡设计。目前,基于设计速度的路线设计方法已被所有设计人员所掌握,因此保持《标准》03版的规定。

1 高速公路的设计速度不宜低于100km/h,目的是保证高速公路的安全与舒适。国内外高速公路的运营实践表明:设计速度低与驾驶员的期望差异较大,运行过程中极易诱发交通事故,而且复杂地形条件下的高速公路大多选在一个区域走廊带内,待经济发展需改造时,提升线形指标很困难,故将80km/h作为高速公路设计速度的最低要求。

3 高速公路和作为干线一级公路的特殊困难局部路段,经论证可以采用60km/h设计速度,其含义是包括技术、经济、安全、环保和社会等方面的综合比选论证;而非传统意义的技术经济论证。论证通过后,才能作为特殊困难的路段考虑,并且要求小于一个设计路段的长度即小于15km;同时考虑到个别越岭路段地形条件受限时,往往可能大于15km,针对这一特定条件将其放宽到相邻两互通式立体交叉之间的路段,但应注意线形衔接和交通工程设施的配合。

本次修订贯穿了功能类别高的公路优先考虑较高的设计速度,公路类别较低的公路宜选用较低设计速度的理念,即一级公路和二、三级公路应按公路在路网中的交通功能选择设计速度,只有当受地形、地质等条件限制时,才可以降低一档即20km/h。

3.5.2

本条对公路设计时采用运行速度检验进行说明。自《标准》03版正式引入运行速度概念和开展安全性评价工作以来,采用运行速度的方法进行检验的理论与方法已基本成熟,而且有了上万公里的工程实践。因此,本次标准修订明确规定公路设计应采用运行速度对线形设计进行检验,保证相邻路段运行速度的协调性和一致性,提高公路运行安全和使用质量。

3.5.3

本条对公路限速进行说明。目前我国公路限速值多采用设计速度,由于限速值确定不合理,影响了公路的运行效率,在社会上也造成了一定负面影响。因此,本次标准修订把限制速度设计作为公路设计的一个重要环节提出,以便在设计阶段科学合理地确定限速值以及限速方式和方法,在保障车辆安全运行的情况下,充分发挥道路的运输效率。

3.6 建筑限界

3.6.1
公路建筑限界仍沿用《标准》03版的规定。但为解决设施侵入限界的问题,细化了一级公路及增设慢车道的二级公路设置分隔设施时计算车道宽度的规定；新增加了隧道入口段设置护栏过渡的建筑限界规定。在我国部分地区，由于受地形、地质或环境因素限制，同一条公路，局部路段降低了技术等级，也就是常说的"不二不三或不三不四"，因此规定同一条公路，应采用同一净高，以保证其通过性。

3.7 抗震

3.7.1 根据《中国地震动参数区划图》（GB 18306—2001），不再采用地震基本烈度的概念，取之为地震动峰值加速度系数。地震基本烈度与地震动峰值加速度系数之间的关系如表3-4所示。

表3-4 地震基本烈度与地震动峰值加速度系数的对应关系

地震动峰值加速度系数	<0.05	0.05	0.10	0.15	0.20	0.30	≥0.40
地震基本烈度值	<Ⅵ	Ⅵ	Ⅶ	Ⅶ	Ⅷ	Ⅷ	≥Ⅸ

本标准中规定地震动峰值加速度系数在0.05~0.4范围内地区的公路工程，应进行抗震设计；对地震动峰值加速度系数大于或等于0.40地区的公路工程，应进行专门的抗震研究和设计。这是总结了我国云南、四川、山东、广东、江苏、辽宁等地的部分震害调查资料，并结合国家的抗震防灾的基本要求提出的，与《标准》97版一致。从多年来的应用情况看，一般条件下，公路工程能够经受住地震动峰值加速度系数为0.05的地震的影响。简支梁桥等桥梁结构可通过一些简单的抗震措施（如防止落梁措施等）提高抗震设防能力。

对于地震动峰值加速度系数小于或等于0.05的地区，除有特别规定以外，可不进行专门的抗震设计，而采用简易设防。

4 路线

4.0.1 一般规定

本次修订除对公路路线设计思想、技术方针等做出指导、原则性规定外，主要对影响公路工程技术标准和建设规模的控制性指标进行了规定，其他详细技术指标均移至相关设计规范。其中控制性指标主要是指满足公路基本功能需要和保证公路交通安全的低限指标。

1　当前，我国各层次公路网和综合交通运输体系已具相当规模，本次修订强调在公路项目尤其是高速公路项目建设前期，应加强对项目区域各级路网和综合运输体系的研究，科学分析拟建项目在综合运输体系和规划路网中的功能、作用，并合理处理与其他交通方式的衔接与分工。

2　在公路建设中，经常会遇到滑坡、泥石流、崩坍、溶洞、采空区或软基等不良地质问题，因之必须在勘察设计阶段做好地质灾害评价，加大对不良地质地段的调查与勘察工作的力度，并在此基础上论证路线通过的合理方案以及应采取的工程措施，避免造成地质病害。

3　根据《农业法》及《基本农田保护条例》，国家实行基本农田保护制度。各县级和乡镇土地利用总体规划应当确定基本农田保护区。当国家能源、交通、水利、军事设施等重点建设项目确实无法避开基本农田保护区时，必须依法办理相关征用手续。

根据《城市规划法》，国家规定大、中、小城市是分别以"市区和近郊非农业人口"50万以上、20万～50万和不满20万划定的。规定新建的过境公路应当避开市区；在城市规划区内的建设工程必须符合城市规划。

土地利用是一个非常重要也是个非常敏感的问题，是可持续发展战略的重要方面；早期修建的公路其沿线的街道化情况十分严重，这些路段已变成了交通堵塞的"瓶颈"地段。随着经济的发展和公路运输事业需求的增加，在新建公路工程项目时必须做好这方面的协调工作。因此，本标准中明确规定：在确定公路路线线位时应考虑同农田与水利建设、城市规划的配合。

我国历史悠久，历史文物是我国的宝贵财富，应该认真地进行保护。根据《文物保护法》，古文化遗址、古墓葬、古建筑、石窟寺、石刻、壁画、近代现代重要史迹和代表性建筑等为"不可移动文物"，国家根据它们的历史、艺术、科学价值等分别定为全国重点、省级和县级文物保护单位。建设工程应当尽可能避开不可移动文物，因特殊情况不能避开的，对文物保护单位应当尽可能实施原址保护。因而，本标准明确地规定应"尽可能避让不可移动文物"。

4　本次修订强调各级公路均应做好总体设计。总体设计应重点从发挥公路网和本项目功能的角度出发，正确处理好公路与相关路网、交通节点的关系，合理设置各类出入口、交叉和构造物，做到各类构造物选型与布置合理、实用、经济。

5　本次修订提出公路建设技术标准选用的总体原则，即：依据路网规划和公路功能确定公路技术标准和等级；根据公路的功能和地形条件确定设计速度；根据公路功能、交通量和地形条件确定车道数和横断面形式。

4.0.2　车道宽度

车道是指专为纵向排列、安全顺适地通行车辆为目的而设置的公路带状部分。所谓车道宽度是为了保障车辆安全、顺适通行而研究确定的车道几何宽度（值）。

车道宽度是根据设计车辆的最大宽度，加上错车、超车所必需的余宽确定的。车道宽度应该满足设计车辆正常安全行驶的需要。对于双车道公路，车道宽度应满足错车、超车行驶所必需的余宽。对于四车道及以上公路，车道宽度应满足车辆并列行驶所需的宽度。

车道宽度与公路设计速度相关，速度越高则需要的宽度越大（主要是需要的侧向余宽越大）。据调查，世界各国相同设计速度的车道宽度基本是一致的。对于高速公路，日本等少数国家的车道宽度略窄于我国高速公路的宽度（3.75m）。考虑到我国高速公路货运车辆占比高、车型复杂等实际情况，本标准规定我国高速公路车道宽度仍采用3.75m。

1　根据国内目前已建成的八车道高速公路实际通行管理实践，在采用分车道、分车型通行管理方式时，内侧车道（内侧第1和2车道）仅限小型车辆通行，此时内侧车道宽度可采用3.5m。

2　以中、小型客运车辆为主的公路，如机场专用公路等，其车道宽度可论证采用3.5m。

4　二级公路因非汽车交通需求较大而设置慢车道时，慢车道宽度应采用3.5m。

4.0.3　车道数确定

（1）高速公路和一级公路的车道数应依据其交通量和设计通行能力确定。高速公路和一级公路的车道数不应少于四条，增加车道数时，应两侧对称增加。

（2）二、三级公路应采用双向双车道；四级公路应主要采用双向双车道，交通量小或困难路段可采用单车道。

4.0.4　中间带

多车道公路的中间带和中央分隔带，在构造上起到分隔对向交通的作用，对提高高速行车安全性和发挥公路项目的功能具有关键性作用。本标准规定，高速公路、一级公路整体式断面必须设置中间带。中间带由中央分隔带和两条左侧路缘带组成，中央分隔带的两侧设置左侧路缘带。中央分隔带由防护设施和两侧对应的余宽 C 组成。

左侧路缘带和余宽 C 提供了安全行车所必需的侧向余宽,并能引导驾驶员的视线。侧向余宽是公路通行车辆在高速行车时,行车道两侧需要预留的一定的富余宽度,即车道边线到障碍物之间距离。具体如图 4-1 所示。

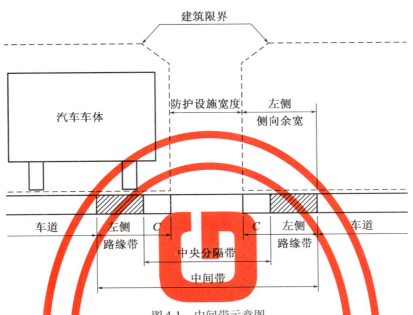

图 4-1 中间带示意图

《标准》03 版对高速公路和一级公路的中央分隔带的宽度做出了具体的规定,包括一般条件下应采用的"一般值"和条件受限路段可采用的"最小值"。本次标准修订全国调研发现,对中央分隔带宽度指标取用存在较大争议,既有反映原"一般值"过宽的,也有反映"最小值"不足的。其根源在于对中央分隔带功能定位的不同和项目区域建设条件的差异。如早期高速公路多在中央分隔带内考虑预埋通信管线、绿化等需要,后期有项目则主要考虑设置护栏和防眩设施等功能需要。另外,随着新型护栏等设施的不断发展,能够满足中央分隔带基本分隔和安全防护功能的最小宽度指标也逐渐缩减。

本次修订不再指定出中央分隔带宽度推荐值,但强调:中央分隔带宽度应从对向隔离、安全防护的主要功能出发,综合考虑中央分隔带护栏的防护形式和防护能力确定。

1 在高速公路、作为干线的一级公路整体式断面的中央分隔带护栏形式选择和宽度确定时,应着重考虑护栏的防护功能需要,选择可有效防止车辆失控冲过中央分隔带的护栏形式及对应的中央分隔带宽度。

2 对于承担集散功能的一级公路,中央分隔带宽度应根据中间物理隔离措施的宽度确定。这里的中间物理隔离措施是指可不具备安全防护功能、仅具有物理隔离功能的护栏等措施。

3 本次修订,规定多车道公路如通过管理措施,内侧车道仅限于小型车辆通行时,左侧路缘带经论证可采用 0.50m。

高速公路、一级公路的一般路基路段和中、小型桥梁构造物路段,通常应尽量避免因采用不同的中央分隔带宽度引起公路线形和车辆行驶轨迹的频繁变化。对于路基与整体式结构的桥梁路段，在采用不同的中央分隔带（宽度）前后，均应设置必要的过渡段，以保持行车轨迹的连续性。

4.0.5 公路路肩具有保护和支撑路面结构、提供行车道侧向余宽和侧向通视条件、为故障车辆提供临时停靠空间等功能。公路路肩分为硬路肩和土路肩两部分，其中土路肩还具有为各类护栏、标志牌提供设置空间的作用。

根据调查，我国公路货运车型向大型的5轴和6轴车型集中，而此类车型的基本宽度均为（甚至超过）2.50m。为满足大型货运车型临时故障停靠硬路肩的需要，并减少因其停车对相邻车道通行与安全的影响，本次修订高速公路和作为干线一级公路的右侧硬路肩的"一般值"为3.00m，"最小值"为1.50m，主要通行小客车时右侧硬路肩也可采用2.5m。并规定了承担集散功能的一级公路右侧硬路肩和二级公路右侧硬路肩宽度的"一般值"和"最小值"。总体上，公路路肩宽度主要依据项目功能、设计速度确定，条文中表4.0.5-1中的"最小值"是对应技术等级（项目功能）和设计速度条件下，满足行车安全需要和发挥路肩基本功能的最小宽度值。

对于高速公路和一级公路分离式断面，应设置左侧硬路肩，左侧硬路肩内包含左侧路缘带。表4.0.5-2的规定值为满足行车安全需要和发挥路肩基本功能的最小宽度值。

在双向八车道及以上多车道高速公路中，左侧硬路肩可满足内侧车道上的事故车辆临时停车需要，对于保证公路通行能力和行车安全具有实际作用。考虑到我国八车道以上多车道高速公路实践较少，且已建成的八车道高速公路均未设置左侧硬路肩等情况，本次修订规定：八车道及以上的多车道高速公路，有条件时应设置左侧硬路肩。由于多车道高速公路内侧车道上行驶的车辆以小型车为主，要求左侧硬路肩的宽度不应小于2.50m。

4.0.6 为满足故障车辆临时停靠的需要，本标准要求在高速公路和作为干线的一级公路右侧硬路肩宽度小于2.50m时，应设置紧急停车带。紧急停车带应与车道平行、在车道外侧设置，为方便车辆驶入，且其两端需要设置一定长度的过渡段。紧急停车带宽度内一般包含硬路肩的宽度。

4.0.7 由于加减速车道分别在不同的地点使用，有不同的特点和要求，本标准对加减速车道仅作一般性规定。

二级公路在条文中述及的各类设施出入口处应设置必要的过渡段，以满足车辆提前驶离车道、安全减速进入的需求。

4.0.8 实际应用中，应对路段内大型车的爬坡性能和混入率对通行能力及大、小车型速度差等的影响进行分析，以确定是否设置爬坡车道。爬坡车道宽度内不包含右侧硬路肩的宽度。

六车道及以上的公路一般采用分车道行驶，外侧车道行驶的载重汽车对公路整体的通行能力、服务水平影响较小，可不设置爬坡车道。

4.0.9 避险车道是供制动失效车辆尽快驶离行车道、减速停车、自救的专用车道。

本标准要求在连续长、陡下坡路段，为便于制动失效车辆撤离行车道，应结合交通安全评价，论证是否需要设置避险车道以及避险车道的设置位置。

避险车道的设置位置应与主线保持恰当的驶离角度，并应修建在失控车辆不能安全转弯的主线弯道之前以及修建在坡底人口稠密区之前。

4.0.10 二级公路采用中间不分隔的对向行车方式，车辆需要占用对向车道进行超车。在交通量较大且货车比例较高时，由于货车运行速度较低，其后的车辆会出现大量的超车需求，使得利用对向车道进行超车难度增大、对行车安全不利。本条文规定对于货车比例较高的二级公路，可根据需要设置超车道。鉴于我国二级公路中设置超车道的实践较少，从安全角度，设置超车道的路段，需要对应增设必要的交通安全设施，加强交通组织管理。

4.0.11 二级公路在慢行车辆交通量较大或街道化程度严重时，可论证采取加宽硬路肩的方式增设慢车道，通过划线分快、慢车道进行通行管理，以减少慢行车辆对车道内行驶车辆的纵、横向干扰，但这类公路仍属双车道范畴。考虑到增加慢车道后公路路基宽度增加，可能出现车辆通行速度提升等现象，从行车安全角度，应对应增加必要的交通安全设施，实施速度控制，加强交通组织管理。

4.0.12 四级公路采用单车道路基时，应设置错车道。错车道的间距应根据错车时间、视距、交通量等情况决定。国外有的规定最大错车时间为30s左右，其最大间距应不大于300m。本标准对设置间距未作硬性规定，可结合地形等情况，在适当距离内设置错车道。错车位置至少可以看到相邻两个错车道的情况。

4.0.13 在城市出入口和城乡结合区域，公路两侧出现大量的非汽车交通，出现公路承担类似城市道路功能的实际需求。本条文规定对于城市出入口和城乡结合区域承担集散功能的一级公路和二级公路，可根据非汽车交通需求，参考城市道路设计规范论证设置侧分隔带、非机动车道和人行道。

4.0.14 《标准》03版在规定路基断面各部分宽度的同时，对路基总宽度也做出规定。根据本次修订全国调研，这种"双控"规定容易引起理解和执行上的偏差，故本次修订改路基宽度"双控"为"单控"方式，即取消对路基总宽度的指标规定，只规定公路路基横断面中各部分宽度，包括发挥各部分基本功能和与行车安全性密切关联的"最小值"指标，以鼓励根据公路项目综合建设条件，因地制宜选用横断面布置形式和宽度。

同时强调，公路路基横断面中各组成部分宽度应以满足行车安全要求为前提，根据项目交通功能、各组成部分所具备功能、设计交通量以及沿线地形等建设和通行条件综合确定。在具体项目横断面形式选择时，尤其是在各类构造物与路基宽度变化路段，应首先保持与驾驶员安全行车密切相关的行车道、路缘带，包括侧向余宽的连续性。

由于一般公路项目设计和服务的交通量均为双向、等值的，因此，除局部单一方向设置的辅助车道、加（减）速车道、紧急停车带、避险车道、爬坡车道等外，一般公路路基横断面中各部分宽度上、下行方向应对称设置。

公路横断面布置形式一般分为整体式断面形式和分离式断面形式。图4-2为高速公路和一级公路整体式断面形式的示意图。图中，左侧为六车道断面形式，右侧为四车道断面形式。

图4-2　高速公路、一级公路整体式断面形式示意图

高速公路和一级公路应根据地形、地貌等实际条件，因地制宜选用（或分段选用）整体式和分离式断面形式。在山岭、丘陵地段或地形受制约地段，采用整体式断面工程量过大时，宜采用分离式断面形式。在沙漠、戈壁和草原等地区，有条件时宜采用分离式断面形式或宽中央分隔带的整体式断面形式。图4-3为高速公路和一级公路分离式断面形式的示意图。

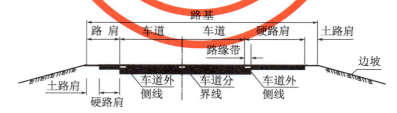

图4-3　高速公路、一级公路分离式断面形式示意图（右幅断面）

根据相关专题研究，多车道公路当双向车道数达到十条及以上时，不宜采用整体式断面，推荐采用内、外幅分离的复合式断面布置形式。图4-4和图4-5为高速公路复合式断面典型形式。

二、三、四级公路为典型的双车道公路（四级公路可能出现单车道的情况），采用无分隔的双向混合交通组织方式，一般应采用整体式断面形式。图4-6为典型的双车道公路横断面形式。

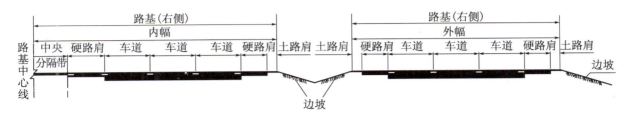

图 4-4　高速公路复合式断面形式示意图（内、外幅路基分离）

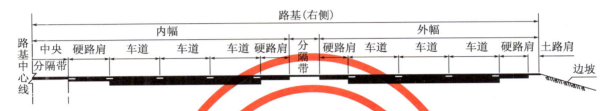

图 4-5　高速公路复合式断面形式示意图（内、外幅整体式）

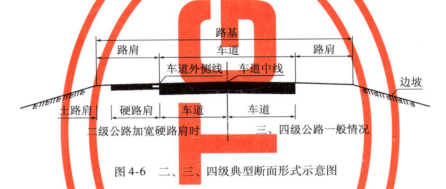

图 4-6　二、三、四级典型断面形式示意图

二级公路作为城乡接合部、混合交通量大的集散公路，可根据实际需要加宽右侧硬路肩设置慢车道。设置有慢车道的二级公路，应严格限制车辆运行速度，禁止车辆随意穿越，以避免车辆占用对向车道超车和车辆随意掉头等影响安全的现象。

4.0.15　视距（sight distance）是指在车辆正常行驶中，驾驶员从正常驾驶位置能连续看到公路前方行车道范围内路面上一定高度障碍物，或者看到公路前方交通设施、路面标线的最远距离。这里的距离是指沿车道中心线量得的长度（图 4-7）。

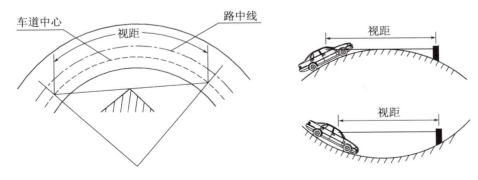

图 4-7　公路平面视距和纵面视距示意图

公路视距主要包括：停车视距、超车视距、会车视距及识别视距等。

停车视距（stopping sight distance）是指车辆以一定速度行驶中，驾驶员自看到前方障碍物时起，至到达障碍物前安全停车止所需要的最短行驶距离。在停车视距检验时，小客车停车视距采用的驾驶员视点高度为1.2m，载重货车停车视距采用的驾驶员视点高度为2.0m，视点前方路面上障碍物顶点高度为0.10m。

由于一些情况下还满足不了货车停车视距的要求，根据"公路货车停车视距专题"研究结果，本标准规定："高速公路、一级公路以及大型车比例较高的二、三级公路，应采用货车停车视距对相关路段进行检验"。

积雪冰冻路段的停车视距，考虑到在这些路段行驶的车速会有较大幅度的降低，也可不再调增。但对重要干线公路，可根据各地要求的必须保证安全的最低车速适当调增停车视距。

会车视距（intermediate sight distance）是指在同一车道上对向行驶车辆，为避免发生迎面相撞，自车辆在行驶过程中发现对向来车起，至驾驶员采取合理的减速操作后两车安全停止、不发生相撞所需的最短行驶距离。参考国内、外的普遍做法，会车视距一般取停车视距的两倍。

超车视距（passing sight distance）是指在需要临时占用对向车道完成超车的公路上，后车超越前车过程中，自开始驶离原车道起，至可见对向来车并能超车后安全驶回原车道所需的最短行驶距离。在超车视距检验时，小客车采用的驾驶员视点高度为1.2m，载重货车采用的驾驶员视点高度为2.0m，视点前方路面上障碍物顶点高度为0.60m，即对向车辆（小客车）的前灯高度。

由于高速公路和一级公路采用分向分道行驶，不存在会车和对向超车等需求，因此，高速公路和一级公路应满足停车视距要求。对于二、三、四级公路，由于一般采用双向行驶的交通组织方式，其行车特征是超车时经常要占用对向车道，为保证行车安全，本标准中规定："双车道公路应间隔设置具有超车视距的路段"。

公路是三维的空间实体，公路视距除受到平、纵、横等几何指标、参数和平纵组合等影响外，还可能受到路侧填挖方边坡、护栏等的遮挡影响。通过对我国部分山区高速公路进行视距检验评价发现：在平、纵等主要几何指标满足对应标准、规范指标要求的情况下，仍可能存在视距不良（不足）的情况。本标准规定对于公路平面和纵断面指标较低、平纵线形组合复杂路段，应进行对应的视距检验。对于视距不良路段或区域，应采取相应的技术措施予以改善。

在公路各类出入口区域，由于驾驶员需要及时辨识出（入）口位置、适时选择转换车道、进行加（减）速驶入（驶出）等操作，存在交通流交织和冲突等现象。因此，公路互通式立交、避险车道、爬坡车道、停车区、服务区等各类出入口区域应满足识别视距要求。

4.0.16 直线是公路几何线形的主要组成部分。在公路平面线形中，圆曲线间直线过短，会造成线形组合生硬、视觉上不连续等问题。而直线过长，则会出现公路线形单调,容易诱发驾驶疲劳问题,对行车安全不利。本标准规定:直线的最大与最小长度应有所限制。

根据"西部地区公路运行速度设计方法和安全性评价与检验技术"等相关研究成果,评价公路平曲线中直线段长度的安全性,应主要依据检验直线段与相邻路段的运行速度的协调性。对于不得已采用长直线的路段,应注意采取限速、警示等管理措施。有条件时,视条件增加路侧视线诱导设施。

4.0.17~4.0.18 本条文主要根据"公路横向力系数"专题项目研究成果编制。

(1) 确定圆曲线最小半径的原则

本标准中规定的圆曲线最小半径是以汽车在曲线部分能安全而又顺适地行驶所需要的条件而确定的。圆曲线最小半径的实质是汽车行驶在公路曲线部分时,所产生的离心力等横向力不超过轮胎与路面的摩阻力所允许的界限。根据车辆在弯道上行驶时的受力状况及各种力的几何关系,可推导出如下计算公式:

$$R = \frac{v^2}{127(\mu + i)} \tag{4-1}$$

式中:R——曲线半径(m);

v——车辆速度(km/h);

μ——横向力系数,极限值为路面与轮胎之间的横向摩阻系数;

i——路面的横向坡度。

本次修订,标准给出了直接影响行车安全性的圆曲线最小半径的两种值:即"最小值"和"不设超高最小半径"。公路线形设计时,应根据沿线地形等情况,合理选用不小于"最小值"圆曲线半径。在不得已情况下,方可使用"最小值"。

选用曲线半径时,既要适应沿线地形地物条件变化,同时应注意前后线形协调,不应突然采用小半径曲线。长直线或大半径圆曲线路段,不能采用最小圆曲线半径。从地形条件好的区段进入地形条件较差区段时,线形技术指标应逐渐过渡,防止突变。

(2) 圆曲线最小半径"极限值"的确定

按式(4-1)计算最小圆曲线半径时,式中的 v 采用各级公路相应的设计速度,因此,确定圆曲线最小半径的关键参数是横向力系数和超高横坡。

横向力系数的大小直接影响乘车人的舒适感。根据测试获得的小客车、大客车、大中型货车在43个观测路段上运行时乘车人的舒适度感受数据,运用心理学方法和统计方法分析,整理得出各种车型在不同行驶速度下对应的横向力系数阈值(图4-8)。

车辆在曲线上稳定行驶的必要条件是横向力系数不能超过路面与轮胎之间的横向摩阻系数。所以,为了确定横向力系数的设计值,既要通过实测路面与轮胎之间的摩擦系数范围,还要考虑驾乘人员在行驶中所能忍受的横向力的大小和舒适感,综合平衡二者后才能确定。

经过对43个观测点极限摩阻系数的测试,样本路段的极限横向摩阻系数均在0.3以上,设计用的横向力系数(0.10~0.17),占极限横向摩阻系数的比例较小,安全度较高,基本上可以避免横向滑移的危险。根据以上分析,本标准在计算最小圆曲线半径时采用了表4-1所列横向力系数及超高值。

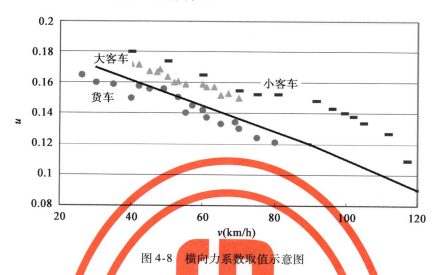

图 4-8 横向力系数取值示意图

表 4-1 圆曲线最小半径的横向系数及超高值

设计速度（km/h）	120	100	80	60	40	30	20
横向力系数	0.10	0.12	0.13	0.15	0.15	0.16	0.17
超高值（%）	6	6	6	6	6	6	6
	8	8	8	8	8	8	8
	10	10	10	10	10	10	10

本标准规定的超高值变化范围在 10% ~ 6% 之间。计算圆曲线最小半径时,分别用 6%、8% 和 10% 的超高值代入计算,将计算结果取整,即得出本标准规定的圆曲线最小半径"极限值",如表4-2。

表 4-2 圆曲线最小半径极限值（m）

设计速度（km/h）	120	100	80	60	40	30	20
$i=10\%$	570	360	220	115	50	30	15
$i=8\%$	650	400	250	125	55	30	15
$i=6\%$	710	440	270	135	60	35	15

（3）不设超高的圆曲线最小半径的确定

圆曲线半径大于一定数值时,可以不设置超高,而允许设置等于直线路段路拱的反超高。从行驶的舒适性考虑,必须把横向力系数控制到最小值。《标准》97 版规定不设超高的圆曲线最小半径,是取用了 $\mu=0.035$, $i=-0.015$, 按各级公路设计速度代入公式进行计算并整理得出的结果。本次修订,如横向力系数在计算不设超高的圆曲线最小半径时仍采用0.035,则在目前路拱坡度最小采用2%的情况下,会得出较大的一组不设超高的最小半径值。考虑到这一实际情况,拟将横向力系数的采用以一个幅度的值来表示。在本次修订中,将横向力系数按 0.035 ~ 0.040 取用,并规定当路拱横坡为

1.5%时,横向力系数采用0.035;当路拱横坡为2%时,横向力系数采用0.040。这样代入公式后进行计算并整理得出的结果,仍为《标准》97版中的一组不设超高最小半径值。同时还应考虑到现实的路拱横坡在高速公路,一、二、三级公路上还有大于2.0%的情况,如仅采用原来的一组不设超高最小半径值,会得出按公式推算的横向力系数过大。本次修订将原先所列 $\mu=0.035$,$i=-0.015$ 代入公式进行计算整理得出的一组不设超高最小半径值作为路拱大于2.0%的情况下使用。这样,当路拱横坡为2.5%时,横向力系数采用0.040;当路拱横坡为3.0%时,横向力系数采用0.045;当路拱横坡为3.5%时,横向力系数采用0.050;横向力系数在路拱横坡大于2.0%的情况下采用0.040～0.050的幅度来计算不设超高最小半径值。不设超高圆曲线最小半径如表4-3。

表4-3 不设超高的圆曲线最小半径（m）

设计速度（km/h）	120	100	80	60	40	30	20
i 路拱 $\leq 2.0\%$ $\mu=0.035\sim0.040$	5 500	4 000	2 500	1 500	600	350	150
i 路拱 $>2.0\%$ $\mu=0.040\sim0.050$	7 550	5 250	3 350	1 900	850	450	200

（4）公路圆曲线最大超高

公路项目采用的最大超高值不同,同一设计速度下,圆曲线最小半径应是不相同的。公路项目拟采用的最大超高（值）主要根据交通量、交通组成和公路行车环境等条件确定。大型货运车辆占比较高的公路,宜采用较小的最大超高（值）。对于存在积雪冰冻情况的地区,公路项目最大超高不应大于6%。城市区域考虑到非机动车等通行特点,公路项目最大超高不宜大于4%。

4.0.19 为使公路平曲线中直线与圆曲线之间实现顺适的衔接过渡,本标准规定高速公路,一、二、三级公路的直线与不设置超高的圆曲线（半径）相衔接处,应设置缓和曲线进行连接。由于回旋线的特性接近公路行驶车辆在弯道上的行驶轨迹,本标准规定公路缓和曲线采用回旋线。回旋线的基本公式为：

$$r \times l = A^2 \tag{4-2}$$

式中：r——回旋线上某点的曲线半径（m）；

l——回旋线上某点到原点的曲线长（m）；

A^2——回旋线参数（m）。

缓和段一般包括下列内容：①曲率变化缓和段（从直线向曲线或从大半径曲线向小半径曲线变化）；②横向坡度变化的缓和段（直线段的路拱横坡度渐变至弯道超高横坡度的过渡或曲线部分不同的横坡度的过渡）；③加宽缓和段（直线段的标准宽度向曲线部分加宽宽度之间的渐变）。

条文规定："回旋线参数及其长度应根据线形设计以及对安全、视觉、景观等的要求,选用较大的数值"。回旋线最小长度系曲率变化需要的最小长度。沿双车道中线轴旋转的超高缓和长度基本上可以概括并适用一般情况。但是，有时以行车道边缘线为旋转轴，或者车道数较多或较宽的，则可能超高所需缓和段长度大于曲率变化的缓和段长度，因此应视这两个缓和段长度的计算结果采用其中较大的一个。缓和段长度一经确定，就应在其中同时进行各种需要的渐变。

本条文中的规定是以超高缓和段的需要考虑的，技术等级较高的公路同时需要设置超高缓和段和回旋曲线时，应以较大值包含较小值。所以，条文规定："直线与小于表4.0.17不设超高最小半径的圆曲线相衔接处，应设置缓和曲线。"

4.0.20 本条文主要依据标准修订支撑专题和相关课题的研究成果结论修订。

（1）各级公路纵坡的适应性

高速公路设计速度为120km/h的最大纵坡规定为3%，因为小客车在3%的坡道上行驶，同在水平路段上行驶相比较，只是在保持自由速度方面有轻微的影响。在较陡的坡道上，其速度则随着上坡坡度的增大而逐步降低。在下坡道上，小客车的速度略高于水平路段的速度，但也要受各种条件的限制。

3%、4%的最大纵坡适合于高速公路和一级公路以较高行车速度行驶，当高速公路受地形条件或其他特殊情况限制时，经技术经济论证，最大纵坡可增加1%；8%、9%的最大纵坡适合于设计速度为30km/h的三级公路以及设计速度为20km/h的四级公路上低速行驶；5%、6%、7%的最大纵坡适合于80km/h、60km/h、40km/h的设计速度。

（2）纵坡控制指标

近年来，我国山区高速公路长大纵坡路段交通事故较为集中，受到各方面的高度关注。"国家道路安全行动计划"等项目对大量事故的深入剖析表明：长大下坡事故致因主要在于"人"和"车"的因素（如：违章驾驶、超速、超载、超限等），直接由于道路因素导致的交通事故占比极低（由公路几何线形、路面和维养状况等道路因素直接引发事故的比例低于1%）。并且相关研究均不能揭示事故与公路纵坡坡度、长度之间的直接关系。显然，在车辆正常配载、行车制动系统工作完好、驾驶员操作正确的情况下，按照现行标准纵坡控制指标设计建设的高速公路是能够保证行车安全的。同时，通过国外高速公路相关调研和国内外公路技术标准的纵坡设计指标对比发现：我国纵坡控制指标（不同设计速度对应的最大纵坡度指标）与各国基本一致，甚至总体控制指标小于部分欧洲国家的纵坡控制指标，偏于安全。综合考虑，本期标准修订未对各级公路（不同设计速度对应的）最大纵坡指标进行修订。

本条文第3款是指导二级、三级和四级公路越岭线纵坡设计的平均纵坡控制指标。对于一条公路项目，"相对高差指标"的要求和"任意连续3km路段"的要求应同时满足。

尽管在全国调研中，高速公路长大纵坡控制指标是大家关注的焦点性问题，且目前部分在建的山区高速公路项目纵坡设计有明显的采用平缓纵坡方案的趋向，但经分析论证，单纯通过修订降低公路纵坡控制指标，采用更趋于平缓的平均纵坡设计方案，不仅会直接导致公路建设里程、用地、建设规模、造价和运营成本等的显著增加，而且目前相关研究尚不能得出"采用平缓纵坡的方案就能有效提高对应长大纵坡路段的行车安全性"的明确结论，因此本次修订仅提出：高速公路、一级公路应采用合理的平均纵坡，以提高纵坡路段的通行能力和运行安全。这是对今后设计的原则性要求。具体项目中，对于可能存在连续纵坡的路段，均应进行安全性评价，基于运行速度等方法对各类指标、速度变化、安全设施等进行检验分析，进而通过优化线形设计、完善安全设施、实施速度管理等综合措施，提升公路的本质安全性。

4.0.21 这里的最大坡长是针对采用同一坡度值的单一坡段而言的。当单一纵坡的长度超过表中规定值，或者路段平均纵坡较大时，应通过通行能力验算，论证设置供大型车辆上坡的爬坡车道。

相关研究表明，在长陡纵坡中间设置缓坡，不利于下坡方向车辆减速，可能会给驾驶员造成进入平坡或反坡的错觉，本次修订取消关于长陡纵坡中间设置缓和坡段的规定。

4.0.22 竖曲线

竖曲线最小半径分为"一般值"和"极限值"。按照本次技术标准修订原则，在本项条文修订保留了对竖曲线最小半径和最小长度"极限值"的规定，把部分影响行车舒适性的指标包括竖曲线半径和最小长度的"一般值"移至相关专业规范中。

竖曲线最小半径的"极限值"是汽车在纵坡变更处行驶时，为了缓和冲击和保证视距所需的最小半径的计算值，该值在受地形等特殊情况约束时方可采用。竖曲线半径"一般值"是竖曲线最小半径"极限值"的 1.5~2.0 倍。竖曲线最小半径"极限值"的计算及整理如表4-4和表4-5所示。

表4-4 凸形竖曲线最小半径"极限值"的计算

设计速度 (km/h)	停车视距 D (m)	缓冲冲击所要求的曲线长度 (m) $L_{v1}=\dfrac{v^2\Delta}{360}$	视距所要求的曲线长度 (m) $L_{v2}=\dfrac{D^2\Delta}{400}$	采用值 L_t (m)	极限最小半径 (m) $R=\dfrac{100L_t}{\Delta}$
120	210	40.0Δ	111.0Δ	110Δ	11 000
100	160	27.8Δ	64.5Δ	65Δ	6 500
80	110	17.8Δ	30.2Δ	30Δ	3 000
60	75	10.0Δ	14.1Δ	14Δ	1 400
40	40	4.4Δ	4.1Δ	4.5Δ	450
30	30	2.5Δ	2.3Δ	2.5Δ	250
20	20	1.1Δ	1.0Δ	1.0Δ	100

注：v——行车速度（计算时采用计算行车速度）(km/h)；
  D——视距（计算时采用停车视距）(m)；
  L_t——采用的竖曲线长度 (m)；
  Δ——坡度差 (%)；
  R——极限最小半径 (m)。

表 4-5 凹形竖曲线最小半径"极限值"的计算

设计速度 (km/h)	停车视距 D (m)	缓冲冲击所要求的曲线长度 (m) $L_{v1}=\dfrac{v^2\Delta}{360}$	前灯光束距离所要求的曲线长度 (m) $L_{v2}=\dfrac{D^2\Delta}{150+5.24D}$	跨线桥下视距所要求的曲线长度 (m) $L_{v3}=\dfrac{D^2\Delta}{2692}$	采用值 L_t (m)	极限最小半径 (m) $R=\dfrac{100L_t}{\Delta}$
120	210	40.0Δ	35.3Δ	16.4Δ	40Δ	4 000
100	160	27.8Δ	25.9Δ	9.5Δ	30Δ	3 000
80	110	17.8Δ	16.7Δ	4.4Δ	20Δ	2 000
60	75	10.0Δ	10.4Δ	2.1Δ	10Δ	1 000
40	40	4.4Δ	4.4Δ	0.6Δ	4.5Δ	450
30	30	2.5Δ	2.9Δ	0.3Δ	2.5Δ	250
20	20	1.1Δ	1.6Δ	0.2Δ	1.0Δ	100

竖曲线长度过短,给驾驶员在纵面上一个很急促折曲的感觉,影响行车的舒适性。条文中规定的最小竖曲线长度按 3s 设计速度行程长度而确定。

5 路基路面

5.0.1 一般规定

1 路基路面的损坏不仅与其结构形式、路基路面材料、交通量与交通荷载大小有关，而且与路线线位、路基路面排水系统、路基稳定性等因素直接相关。本次修订仍维持《标准》03版的要求，强调路基路面应结合沿线地形、地质及材料等自然条件进行设计，应重视排水设施与边坡防护设施的设计，从而保证路基路面应具有足够的强度、稳定性和耐久性，以及路面面层满足抗滑和平整的要求。但近年来，极端气候现象的频繁出现，对路面的使用性能和耐久性造成了非常严重的不利影响，因此在路面设计和施工中，应加强对气候条件的适应性。本次修订强调了对气候因素的要求。

2 《标准》03版对路基排水、取土和弃土、水土保持、河道保护以及能诱发路基病害的内容提出了要求，这些原则性要求满足了我国公路建设的需求。但在在实际工程建设过程中，在原地面处理时对路基表土的利用重视不够，路基表土有的被弃掉，浪费资源；有的不作处理就又作为路基填料回填，对路基的稳定造成不良后果。因此，本次修订提出了对路基地表土进行综合利用的要求，以充分利用资源。

5 本次修订，在总结我国公路路基路面设计经验与教训的基础上，充分借鉴发达国家经验，针对路基设计与路面设计脱节的突出问题，提出了应重视路基路面一体化综合设计的原则，通过路基路面的综合设计，提高路基路面的耐久性。

6 为了适应我国公路改扩建项目快速发展的需求，本次修订对路基路面改扩建标准选用的原则、路基路面拼接设计要求以及路面材料循环利用等提出了相关要求。根据高速公路改扩建技术政策研究成果以及高速公路改扩建设计细则的相关研究成果，本次修订增加了关于改扩建公路新建工程的路面结构和原路利用工程的路面结构均应按现行标准进行设计的要求，统一了改扩建公路工程路面设计标准。

5.0.2 路基设计洪水频率

路基设计洪水频率标准是参照《防洪标准》（GB 50201）确定的。为了适应我国城镇化发展的需求，确保城市安全，要求对城市周边区域的公路路基设计洪水频率，应与城市防洪标准相协调并考虑救灾通道、排洪和泄洪需求综合确定。

5.0.3 路基高度设计应考虑路基所处地段的地面积水情况、地下水位高度、基底和路基填料的毛细水作用、冰冻作用等。沿河路基应按设计洪水频率合理确定路基高程。

5.0.4 路基原地面处理和技术要求

1 《标准》03版针对公路设计和施工中，对于非软基路段的原地面的压实和处理缺乏足够重视，从而导致出现较大工后沉降的问题，在修订时强调了应对路基原地面进行清理和压实，并对基底强度、稳定性不足的路段做好处理的要求，应用效果很好，故本次未对原条文进行修订，继续保留。

2 《标准》03版修订时，为保证路基强度和路基稳定性，及时总结当时许多省区提高路基压实度标准并付诸实施的工程实践经验，将高速公路、一级公路1.5m以下的路堤压实度标准从90%提高到了93%，1.5m以上各层压实度分别提高了一个百分点；二级公路1.5m以下路堤压实度从90%提高到92%，0.8~1.5m的路堤压实度从90%提高到了94%，0~0.8m的路床压实度从93%提高到了95%。在过去的十年中，该标准的修订对提高路基的稳定性和耐久性起到了非常重要的作用。近十年来，随着重载交通的不断发展，重载交通对路基的作用和影响明显加强。为了适应这种变化，需要提高路基更深层位的压实度标准，以确保路基的稳定性和耐久性。在总结国内已有研究成果和工程实践经验的基础上，本次修订针对特重与极重交通荷载等级条件，提高了路基下路床和路堤部分层位的压实度标准。

3 《标准》03版中，对土方路基的技术要求仅有压实度一个指标。压实度指标实际上是一个施工控制指标，对于路基设计指标来说，技术标准没有做出规定。本次修订增加了控制路床强度的技术要求，即采用路床顶面回弹模量指标确保路基稳定。从国际上发达国家公路工程应用经验看，控制路床强度是确保路基稳定的关键技术措施之一。我国多年来对路床强度的检验评定非常重视，但对路床强度标准的要求却较低，一般要求不低于30MPa即可，与公路等级及路面结构设计的关联性不足。本次修订对路床顶面回弹模量标准提出了明确要求［回弹模量标准见《公路路基设计规范》（JTG D30）和《公路沥青路面设计规范》（JTG D50）］。本次修订还对软弱路基不良路段、重载交通路段的路基强度做出了灵活运用的规定。

5.0.5 路基防护

路基防护工程是防治路基病害、保证路基稳定的重要措施。本条强调应根据公路功能，结合当地气候、水文、地质等情况，采取相应的防护措施，保证路基稳定；深挖、高填路基边坡路段往往存在着稳定性隐患，强调必须查明工程地质情况，根据地质勘察成果进行稳定性分析，针对其工程特性进行路基防护设计，保证边坡稳定；考虑到环境保护和美化景观，强调路基防护与公路景观相协调。

5.0.6 路面设计轴载标准

路面设计轴载标准关系到公路建设投资、路网运营养护和路面使用寿命等重大问题，同时也关系到汽车工业发展方面的问题，因此该标准的任何调整和变化都十分敏感。《标准》03版修订时，路面设计轴载标准维持了《标准》97版的规定，仍采用100kN作为标准轴载，相当于国际中等水平。在2004年实施的国标《道路车辆外廓尺寸、轴荷及质量限值》（GB 1589—2004）中，对单轴汽车及挂车单轴的最大允许轴荷做出了规定，明确客车、半挂牵引车及三轴以上（含三轴）货车，每侧双轮胎的最大允许轴荷为：驱动轮115kN，非驱动轮100kN，装备空气悬架时为115kN，实际上小幅度提高了货运汽车制造的轴载标准。从我国目前公路网实际运行情况看，超载车辆虽得到有效控制，但货运汽车仍有一定程度的超载现象无法根除，对公路网的运营和养护造成不利影响，导致公路养护费用提高。

本次修订在综合考虑原有标准的延续性、我国现行汽车轴荷标准、公路路网运营养护以及公路工程建设实际情况的基础上，补充增加了在重载交通条件下可灵活选择路面设计轴载标准的方法，既可有效解决公路工程建设和运营过程中遇到的重载交通的实际问题，又可对合理延长路面使用寿命起到引导作用。修订提出的可采用轴载谱方法进行路面设计的要求对原标准起到了进一步细化和灵活运用的作用。

5.0.7　路面类型与路面结构形式的选择

《标准》03版中，将路面分为四个等级，即高级、次高级、中级及低级，并将常用路面材料——沥青混凝土、水泥混凝土、沥青贯入、沥青碎石、沥青表处、砂石路面等与公路等级相对应，明确了这些路面材料的适用范围。鉴于这些对应关系已不符合目前我国公路建设的实际，在概念上也不清楚，故本次修订删除了分级的规定。

目前，在我国公路建设过程中，对于路面类型的选择和确定出现了行政化趋势，对路面类型和路面结构形式的选择和确定脱离了本源，绝大多数省区的高速公路路面采用沥青混凝土，水泥混凝土路面比例越来越小。本次修订增加了对路面类型和路面结构形式进行选择和确定的基本原则，即综合考虑交通量、交通荷载、路面结构耐久性、工程造价、环境保护、资源循环利用等多方面因素选择路面类型和路面结构形式的原则性要求，以便更科学合理地选择路面类型和路面结构形式。

5.0.8　路面结构设计使用年限

本次修订增加了路面结构设计使用年限的条文，主要是基于下列三个方面的理由：

（1）随着我国公路网的不断完善，为了确保发挥路网的运营效率，减少路面结构性的频繁维修对路网运输效率和交通安全带来的不利影响，对路面结构设计使用年限做出规定是必要的。

（2）与国际发达国家相比，我国公路路面结构设计使用年限仍然偏低。例如：欧盟中多数国家的路面结构设计使用年限在15～30年间，普遍比我国的规定要高。英国路面结构设计使用年限为40年。法国国家公路网，高速公路和快速路设计使用年限为30年，城镇道路和其他等级公路路面结构设计使用年限为20年，地方上的低交通量道路路面结构初始设计使用年限为12年。德国高速公路、州级公路和低等级公路一般为30年。澳大利亚路面结构设计年为：新建柔性路面为20～40年，罩面为10～20年；刚性路面为30～40年。日本路面结构设计使用年限为：对于主要的干线公路、高速公路为40年，国道20年；隧道内的路面为20～40年，对于大交通量的交叉口（立交）

和城市的干线公路为大于 20 年。

（3）从我国公路建设与工程实践经验看，京津塘高速公路、广深高速公路、济青高速公路路面结构的设计使用年限都已超过 15 年，并超过或接近了 20 年，其他等级的公路路面结构的实际使用年限也有很多路段远远超过了初期的设计使用年限。2000 年以后，随着针对路面早期损坏开展的相关研究成果的不断应用和公路建设管理技术的不断进步，路面结构的使用年限不断提高，逐步朝耐久性方向发展。通过对过去二十多年路面设计与施工技术进步成功经验的总结看，无论是在原材料控制、混合料设计、施工关键技术方面，还是在路面施工质量控制以及交通运营管理方面，都为路面结构设计使用年限的提高打下了基础。因此，对路面结构设计使用年限做出规定是可行的。

本次修订增加了对路面结构设计使用年限的规定。本标准所规定的路面结构设计使用年限是指路面结构在正常设计、正常施工和正常使用条件下应达到的年限。在路面结构设计使用年限内，可根据实际需要对路面表面功能进行恢复性维修。

5.0.9 路面材料

路面结构一般由面层、基层、底基层与垫层组成。本条修订增加了对尾矿和矿渣等材料在公路工程建设中应用的要求。作为一种资源循环利用的措施，很多尾矿和矿渣近年来大量应用于工程建设，但有些尾矿和矿渣会带来潜在的环保风险，因此本次修订，增加了对尾矿和矿渣进行环保评价并明确利用方案和环保处置措施的要求。

5.0.10 路基路面防排水

做好路基路面排水是减少路面水损害、避免或减轻路基水毁、保护沿线环境的重要技术措施。近年来的公路工程建设与实践表明，路基路面的排水非常重要，但路基路面的防水也同样重要，特别是对于广泛应用的半刚性基层沥青路面，水损坏发生的直接原因就是防水设计不完善，因此路基路面设计和施工需遵循以防为主，防排结合的原则。本次修订增加了关于路基路面设计应进行防水设计的要求，以期减少水损坏发生，提高路基路面结构的耐久性。

5.0.11 路面分期修建

关于路面分期修建问题，《标准》03 版规定，"高速公路、一级公路的路面不宜分期修建，但位于软土地区、高填方路段等可能产生较大工后沉降的路段，可按'一次设计、分期实施'的原则进行建设"。明确高速公路和一级公路路面不宜分期修建，主要是因为：

（1）高速公路、一级公路的交通量大，且对路面的使用品质有较高的要求，一旦投入运营再中断交通维修养护或边施工边通车，不仅影响行车安全，给交通管理带来困难，而且会降低公路网运营效率及造成不良社会影响。

（2）高速公路、一级公路的桥梁、互通式立体交叉、通道等结构物较多，并均为一次施工完成，若路面分期修建，则会造成纵断面高程的频繁变化，不仅给施工带来麻烦，而且降低了行车的舒适性和安全性。

本次修订过程中，对于高速公路、一级公路路面分期修建问题，认为《标准》03版当时提出的理由对于今天来说更为适用，因为，任何路段的分期修建都会对路网的通行效率造成极为严重的影响，而且较《标准》03版修订时期更为突出，因此，本次修订将"不宜"改为"不应"。

5.0.12 针对本标准修订期间各省提出的由于初期建设资金紧张、运营成本高于收益、初期交通量较小以及边远地区出于路网功能需要而必须修建高速公路和一级公路等等诸多方面的问题，修订组在充分尊重各地意见的基础上，新增加了沙漠、戈壁、草原等地区小交通量高速公路右侧硬路肩面层可分期修建的规定，以满足上述地区在公路工程建设过程中的实际需求。但为了保证行车安全，在分期修建实施前，应采取技术措施对右侧硬路肩面层部分进行处理，使右侧硬路肩高程与行车道高程相顺平衔接，不可留有陡坎或台阶。

条 文 说 明

6 桥涵

6.0.1 一般规定

1 桥涵设计属于系统工程设计范畴。桥涵的设计首先要满足公路功能、技术等级、通行能力及减灾防灾等的要求，还需综合考虑地形地貌、河流水文、河床地质、通航要求、河堤防洪、泄洪排涝和环境影响等因素进行系统设计。

2 在保证安全和耐久的前提下，桥涵设计要优先考虑满足功能需求，即要满足"适用"的要求，再根据具体情况考虑环保、经济和美观的要求。环保问题关系到公路的可持续发展，必须给予高度重视。考虑因地制宜、就地取材、便于施工和养护等因素，进行全寿命设计，符合土木工程设计的发展方向。

3 重视桥涵与自然环境和景观的相协调设计，是落实生态文明建设的具体举措。随着经济社会的发展，人们对桥梁建造艺术的追求，以及作为标志性建筑和旅游景点的需求越来越高。对于位于城市及其周边、旅游景区等的一些大跨径桥梁，或造型特殊的桥梁，宜结合自然环境、结构特点进行适当的景观设计。

4 公路桥涵的建设与农田水利和人民生活有着密切的关系，公路桥涵的设置应兼顾农田灌溉的需要，考虑综合利用。

5 特大桥、大桥的桥位通常选择在顺直的河道段，避免设在河湾处，以防止冲刷河岸。桥位处河槽要稳定，主槽不易变迁，大部分流量能在主河槽内通过；河床地质条件要良好，承载能力高，不易冲刷或冲刷深度小。若受条件所限，只能选择水文或地质不利的河道段布设桥位，必须经严格论证，采取必要的工程防护措施，确保岸坡和桥梁基础的稳定。桥位选择应尽力避开断层、岩溶、滑坡和泥石流等不良地质地带。若桥位无法绕避断层地带，要分析断层的性质，如为非活动断层，宜将墩台设置在同一岩盘上。若桥位避不开岩溶、滑坡和泥石流等不良地质地带，必须经严格论证，采取必要的工程防控措施，确保桥梁结构安全可靠。

6 桥面积水不仅会影响安全行车，而且会导致桥面铺装出现水损坏；桥面泄漏和渗水不仅会影响到桥梁的使用功能，而且会对桥梁主体结构的耐久性造成不利影响。因此，必须高度重视桥面铺装的防水、排水设计。通常，在桥面上设置纵坡和横坡，并设泄水管，以利桥梁的纵向和横向排水；在桥面铺装与桥梁主体结构之间设置防水层，以防止桥面泄漏和渗水。

7 为了加强我国桥梁建设的标准化工作，推动我国桥梁制造业的发展，提高桥梁施工的机械化水平，对于跨径小于或等于50m的桥涵，推荐采用标准化跨径、装配式结构、机械化和工厂化施工。

8　鉴于我国公路建设存在"分期修建"的需求，对于桥梁亦可采用"分期修建"的方式建设。但在进行先期建设的桥梁设计时，需要统筹考虑后期拼接加宽的受力与变形协调问题，优先选择便于后期拼接加宽的上、下部结构。

9　我国公路建设已进入"建养并重"的时代，加强桥梁养护管理工作是落实"全寿命设计"理念、保证桥梁在设计使用年限内可靠服役的重要举措。设置桥涵维修养护通道，为特大桥和大桥提供必要的养护设施，便于桥涵检查与养护工作落到实处。

6.0.2　桥涵分类标准与设计洪水频率、抗震设防等级、维修养护标准和设计重要性等级等关键设计参数密切相关，是桥涵设计的重要索引指标。

桥涵分类采用了两个指标：一个是单孔跨径 L_k，用以反映桥涵的技术复杂程度，其在一定程度上可以反映我国的桥梁建设综合水平；另一个是多孔跨径总长 L，即不考虑两岸桥台侧墙长度在内的桥梁标准跨径总长，用以反映桥涵的建设规模。一般情况下，桥梁总长大致相当于河流的宽度，以此作为划分指标，概念较明确，有利于勘测工作中对桥梁总长的估算。

从10年来的应用情况和近年来我国公路桥梁的建设水平来看，《标准》03版的桥涵分类标准总体上是合适的；特大桥的起点跨径定为150m，基本涵盖了所有常规桥梁结构，包括连续梁桥、连续刚构桥、钢筋混凝土拱桥和钢管混凝土拱桥等；将特大桥的多孔跨径总长起点定为大于1 000m，也能够涵盖高速公路和一级公路上的旱地跨线桥或跨越城镇的高架桥。故本次修订对桥涵分类指标及其标准不作调整，仅根据调研中反映出的具体应用问题补充下列解释：

（1）桥涵分类标准可采用多孔跨径总长或单跨跨径任意一种确定，存在差异时，可采取"就高不就低"的原则。

（2）在计算桥梁长度时，曲线桥宜按弧长计，斜桥宜按斜长计。

6.0.3　鉴于桥台是桥梁的重要部件，侧墙或八字墙又是桥台的组成构件，所以，在计算桥梁全长时应该计入两岸桥台侧墙或八字墙的长度；对于无桥台的桥梁，桥梁全长则为桥面系的长度。

6.0.4　为了便于标准设计，增强桥梁构件的互换性，对跨径小于或等于50m的桥涵，本标准采用了标准化跨径的概念，并对具体标准化跨径的数值作了相应的规定。

6.0.5　实践证明，《标准》03版关于桥涵设计洪水频率的规定能够适应我国公路建设的实际情况，与水工、铁路、城市等的防洪标准也是相协调的。

1　桥梁水毁的原因之一是基础薄弱。对于二级公路上的特大桥和三、四级公路上工程艰巨、修复困难的大桥，在水势猛急、河床易于冲刷的情况下，可选用高一公路等级的设计洪水频率，即分别为1/300和1/100，验算基础冲刷深度。

2　沿河纵向高架桥一般不会对河流的过水面积造成明显的影响，其跨径和桥长通常不是由设计洪水频率控制确定的，按照路基设计洪水频率进行设计是适宜的。

3 调研中，多数省份提出"长桥的洪水频率宜按桥梁重要性、复杂性予以确定"。考虑到我国用单孔跨径、多孔跨径总长两个指标来确定桥梁分类标准，虽然能够反映桥梁的重要性，但并不充分、全面，特别是用多孔跨径总长作为界定标准，并不能充分反映桥梁的技术复杂性和重要性。故本次修订在借鉴新西兰、澳大利亚等国规范的基础上，从考虑结构重要性及洪水危害程度出发，增加了按多孔跨径总长确定的多孔中小跨径（单孔跨径小于或等于40m）特大桥，其设计洪水频率可按相同公路等级大桥标准采用的规定。

6.0.6 桥面净空应符合本标准第3.6.1条公路建筑限界的规定，是考虑到一般情况下路桥同宽对工程造价影响相对较小，同时能够避免在路桥结合处出现颈缩现象，以更好地改善公路线形、保障行车安全、提高服务水平。

按"符合本标准第3.6.1条公路建筑限界的规定"，要求桥面与桥头引道的行车道（包括：加减速车道、爬坡车道、慢车道、错车道等）、硬路肩或紧急停车带、中央分隔带、路缘带等对应的宽度应保持一致，也就是俗称的"内齐外不齐"。

1 考虑到桥梁上用于中央分隔的护栏大多是结合桥梁结构的特点进行专门设计的，所以多车道公路上的特大桥为整体式上部结构时，中央分隔带宽度应根据所采用的护栏形式确定。这样做，有利于减小整体式上部结构特大桥的宽度，以节省工程费用。

2 在特大桥的建设条件受到限制时，或出于对提高结构利用效率等方面的考虑，特大桥的右侧路肩宽度经论证可采用本标准表4.0.5-1规定的"最小值"；右侧路肩宽度采用"最小值"后，特大桥与桥头引道的线形应顺适衔接，并具有足够的过渡段长度。

4 在桥上设置的输水管、电信、电缆等不应影响行车，且应将其设置于桥梁的隐蔽处。

6.0.7 设计水位根据本标准第6.0.5条规定的桥涵设计洪水频率求得，并须根据河流的具体情况，分别计入壅水高、浪高、河床淤高及水上漂流物等的影响。

通航河流的桥下净空，如图6-1所示，根据航道等级和相应的通航代表船型的吨位及其技术要求确定，应满足相关通航标准的规定。桥下净高应从最高通航水位算起，桥下净宽应根据最低通航水位时墩台间的净距确定。

对于潮汐影响明显的感潮河段，设计最高通航水位一般多采用年最高潮位累积频率5%的潮位，按极值I型分布律计算进行确定；设计最低通航水位一般多采用低潮位累积频率为90%的潮位。

对于非通航和无流放木筏的河流，其桥下净空高度主要根据设计水位、壅水高、浪高、最高流冰水位等因素确定，并且尽量给予一定的安全储备量。

对于跨越非通航河流的桥梁，其跨径的确定除了应考虑水流平面形态特征、河床演变趋势、河段地形地质条件等因素，还应考虑流冰、流木等从桥孔通过的情况。

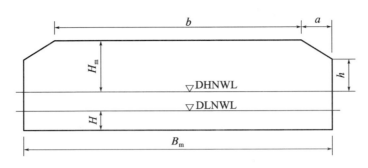

图 6-1 通航河流桥下通航净空示意图

DHNWL-设计最高通航水位;DLNWL-设计最低通航水位;B_m-水上过河建筑物通航净宽;H_m-水上过河建筑物通航净高;H-航道水深;b-上底宽;a-斜边水平距离;h-侧高

6.0.8 高速公路和一级公路上的车辆行驶速度快,桥与路的衔接必须顺适,才能满足行车要求。因此,高速公路、一级公路上的各类桥梁,除宽度有所减小的特大桥外,其布设应满足路线总体布设的要求。当二、三、四级公路上的特大桥、大桥桥位选择余地较小、成为路线控制点时,路线线位应兼顾桥位。

1 有关桥上及其引道纵坡的规定,从多年来的应用情况看,总体上是适宜的。

2 考虑到在冰雪条件下,与公路相比,桥梁更易结冰,冰雪更难消融,从保障行车安全、桥梁结构安全使用等的角度,补充了易结冰、积雪的桥梁桥上纵坡的限制要求,但对桥上纵坡的大小并未作硬性的规定。具体设计时,宜考虑用地、通航、气候、交通量、桥面排水、结构受力合理性等因素,综合论证确定。

3 对于位于城镇混合交通繁忙处的桥梁,为方便非机动车的行驶,规定了桥上纵坡和桥头引道纵坡均不得大于3%。

4 为满足车辆行驶连续、顺适的要求,桥头两端引道的线形应与桥梁的线形相匹配。

6.0.9 目前,我国还有相当数量公路的渡口。因此,本标准中保留了公路渡口码头的规定。

1 在河床稳定、水文水力状态适宜、无淤积或少淤积的河段修建渡口,有利于渡口的运营。考虑到今后路网结构的发展要求,条件可能的情况下,在选择渡口位置时,还应对将来改渡为桥的方案进行比选。

2 公路渡口码头有直线式和锯齿式两种形式。

直线式码头由前墙与设有系船环或将军柱的码头引道组成,一般河流均能适用,目前在山区河流修建的较多,其特点为既是码头又是引道,没有截然划分的界限。前墙的作用是挡土和靠船,可用圬工或混凝土、钢筋混凝土等修建。前墙长度与码头引道宽度相同,高度由渡船船型决定,顶面高程通常要高出最低通航水位0.8~1.2m。直线式码头的引道纵坡一般为9%~10%,主要是为了适应水位的变化,以方便渡船停靠和车辆安全行驶。若纵坡大于10%,则车辆上坡困难、下坡危险;若纵坡小于9%,则争取到的高差太小，吃水深度不够，渡船难以停靠。

锯齿式码头能够适应水位变化大的河流，一般采用高、中、低三种水位的码头，以方便渡船停靠，但其工程费用大。锯齿式码头通常由几个齿相连，每个齿又由前墙、侧墙和靠船设备组成，在前墙和侧墙中间填料夯实并铺设路面。齿数及相应的高程是根据水位并结合码头纵坡决定的，每级高差为 0.6~1.2m，两齿间的水位重叠至少 0.2m，最低的一级要高出渡口通航水位 0.8~1.2m，以利车辆上下渡船。锯齿式码头引道纵坡一般为 4%~6%。

3 鉴于车辆上、下渡船的引道纵坡较大，为保障车辆行驶安全，引道路面应采取必要的防滑措施。

4 考虑到客货车辆分类摆渡、货运车辆大型化发展、渡口交通组织管理等的需求，结合目前渡口码头引道的实际使用状况，根据调研情况，本次修订提高了渡口码头引道（二、三、四级公路）的宽度指标。

6.0.10 为满足我国公路改扩建的需要，本次修订增加了桥涵改扩建的规定。

1 公路改扩建的根本目的，在于提高公路通行能力和服务水平。因此，经过改扩建后的公路应符合现行的技术标准。这就要求改扩建工程中的新建桥涵（含拼接新建部分）应按照现行技术标准修建。

2 考虑到节约资源、保护环境和节省投资的需要，对原有桥涵必须加以充分利用。对经检测评估能满足原设计荷载标准的原有桥涵，高速公路、一级公路可直接利用，二、三、四级公路提高等级时，只要其极限承载能力满足或经加固补强后能够满足现行标准的要求就可以考虑直接利用。

3 对于拼接加宽利用的原有桥涵，检测评估后应满足原设计荷载标准，同时，只要其极限承载能力满足或经加固补强后能够满足现行标准的要求就可以考虑拼接加宽利用。

4 为保证改扩建后的桥梁不发生降低或丧失原有的使用功能，对整体拼接的桥梁，其桥下净空如通航（行）净空、过水面积等仍应满足原设计标准的要求。

5 考虑到直接利用或拼接加宽利用的原有桥涵，在改扩建时对其承载能力极限状态做出了严格的要求，即其极限承载能力满足或经加固补强后要满足现行标准的要求，但没有要求其正常使用极限状态满足现行标准的规定。为保证直接利用或拼接加宽利用的桥涵安全可靠服役，改扩建工程设计时应提出有针对性的运营管理和维护措施。

6.0.11 美国、加拿大、英国、新西兰、澳大利亚和日本等国的桥梁设计规范对桥梁工作寿命（即设计使用年限）均有明确的规定，从 75~120 年不等。我国《工程结构可靠性设计统一标准》（GB 50153—2008）对桥梁的设计使用年限也提出了明确的要求。所以，本次修订增加桥梁设计使用年限的规定是合适的和必要的。

桥涵设计使用年限指在正常设计、正常施工、正常使用和正常养护条件下，桥涵保持正常承受各种设计荷载作用的能力而不用进行结构性大修的时间期限。

本条主要参照《工程结构可靠性设计统一标准》（GB 50153—2008）的规定，结合考虑公路功能、技术等级和桥涵的重要性等因素，规定了桥涵主体结构和可更换构件设计使用年限的最低值。

表6.0.11中所列的特大桥、大桥、中桥、小桥，系按桥梁的单孔跨径进行分类的。

7 汽车及人群荷载

7.0.1 《标准》03 版对汽车荷载分级、组成做出了规定，采用了国外普遍采用的由车道荷载和车辆荷载组成的模式，从十年来的应用情况看，基本上能适应我国公路建设发展的需要。本条修订基本内容维持不变，仅做表述方式的修改。

7.0.2 本条修订涉及两方面的内容：①提高二级和四级公路荷载标准；②增加"对交通组成中重载交通比重较大的公路，宜采用与该公路交通组成相适应的汽车荷载模式进行结构整体和局部验算"。

（1）提高二级和四级公路荷载标准。

全国调研统计数据表明：68%的单位认为应适当提高汽车荷载标准，63%的单位在低等级公路建设中已提高了汽车荷载标准。

二级公路：由于我国已经逐步取消了二级公路的收费，部分重载车辆为降低运输成本转向二级公路，应适当提高二级公路的汽车荷载等级，调研成果和标准修订的相关支撑课题研究结论也支持这种观点。本条修订将二级公路桥涵的汽车荷载等级由"公路—Ⅱ级"提高为"公路—Ⅰ级"，但二级公路作为集散公路且交通量小、重型车辆少时，其桥涵设计可采用公路—Ⅱ级荷载。

四级公路：取消了"四级公路重型车辆少时，其桥涵设计可采用公路—Ⅱ级车道荷载效应的 0.8 倍，车辆荷载效应可采用 0.7 倍"的规定。主要原因：①由于公路—Ⅱ级汽车荷载标准较低，有些四级公路和乡村道路虽然重型车辆较少，但其往往为进村的唯一通道，由于农村建设和经济发展的需要，也有较重的车辆通行。②四级公路桥涵工程规模小，桥涵比例一般很低，汽车荷载对公路总造价的影响相对较小，在公路—Ⅱ级荷载基础上再降低汽车荷载标准对工程总造价的影响极其有限。③实际应用中四级公路和乡村道路桥涵设计时往往直接套用公路—Ⅱ级的标准图或通用图，很少在公路—Ⅱ级汽车荷载标准的基础上再进行折减。

（2）增加"对交通组成中重载交通比重较大的公路，宜采用与该公路交通组成相适应的汽车荷载模式进行结构整体和局部验算"。

全国调研统计数据表明：考虑到大件运输车辆、交通量日益增大、堵车现状等因素，有 69%的单位认为目前的汽车荷载种类偏于单一，有 94%的单位提出应增列特殊荷载或验算荷载。

通过对发达国家汽车荷载模式的调研，发现在桥梁结构整体计算时，发达国家至少都采用两种以上的荷载模式进行计算，而我国结构整体验算仅有车道荷载 1 种模式，偏于单一。

我国幅员辽阔，交通组成复杂，东西南北各地经济发展不平衡，各条道路的功能和作用差异较大，重载交通量大的公路（如集装箱运输公路、煤炭等能源运输公路等）当载重车辆密集布置在桥梁上各个车道（如堵车状况）时，其产生的效应可能大于公路—Ⅰ级的效应。本次修订过程中采用有关部门的限载规定"2轴车20t、3轴车30t、4轴车40t、6轴车55t"等车辆对不同跨径的桥梁进行了对比计算，结果表明当桥梁上布置上述3轴或3轴以上的车辆时，其效应在部分跨径的桥梁上大于公路—Ⅰ级的荷载效应。基于这些原因，本条增加"对交通组成中重载交通比重较大的公路，宜采用与该公路交通组成相适应的汽车荷载模式进行结构整体和局部验算"的条文。

考虑到各条公路的功能不同，交通组成较为复杂，各地区差异较大，具体与公路交通组成相适应的汽车荷载的取值和模式可以根据公路的功能和交通组成的特点由项目或地方自行确定。

7.0.3 汽车荷载标准高低与国家的经济发展水平直接相关。我国从20世纪50年代至改革开放以前汽车荷载标准较低；改革开放以后，经济发展迅速，汽车荷载标准也由汽车—20级提高至汽车—超20级、挂车—120；至2004年调整为公路—Ⅰ级。2004年至今采用公路—Ⅰ级荷载，调研统计数据表明68%的单位认为应适当提高汽车荷载标准。

标准修订的支撑课题"公路桥梁荷载标准研究"、"桥梁设计荷载与安全鉴定荷载的研究"共获取了全国23个省、市、自治区的汽车荷载数据，涉及全国65个路段、2007~2011年共计72个时段的车辆4 277.6万组。为了解实际汽车荷载效应与规范规定的汽车荷载效应的适应程度，利用上述数据分别选取了简支梁、连续梁、拱三种结构类型，共计47种跨径组合的结构，进行了一般运行状态和密集运行状态车队荷载效应的计算。为了便于与《标准》03版汽车荷载效应进行对比，取无量纲参数$K = S/S_K$作为汽车荷载效应的基本统计对象，其中S为根据实测车队计算的效应值，S_K为根据《标准》03版公路—Ⅰ级汽车荷载标准值计算的效应值，效应比的大小即可反映实际汽车荷载效应与规范的适应程度，如图7-1所示。

图7-1显示，桥梁跨径小于10m时，53个测点中有51个测点超过了《标准》03版的效应；桥梁跨径大于50m时，仅4个测点超过了《标准》03版的效应，且这些测点均为超载问题比较严重的地区。这充分说明了当前小跨径桥梁实际运营的汽车荷载超越《标准》03版的汽车荷载标准的问题相对突出，而大跨径桥梁的实际运营汽车荷载与《标准》03版的汽车标准的适应性较好。

图7-2为2011年治超效果良好的7个测点K值的95%分位值和跨径的关系，显示即使在治超严格的情况下，小跨径桥梁实际运营的汽车荷载效应依然超过《标准》03版的汽车荷载标准的效应，而大跨径桥梁的适应性较好。

故本次修订对车道荷载中的集中荷载P_K值进行调整，由《标准》03版的180~360kN调整至270~360kN。调整后的情况如图7-3所示。

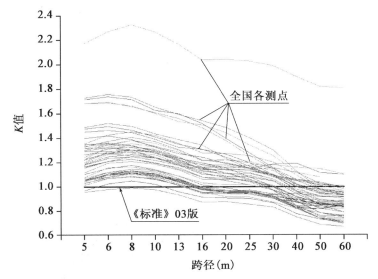

图 7-1　2011 年全国 53 个测点 K 值的 95% 分位值与跨径的关系

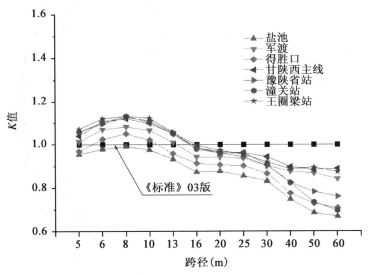

图 7-2　2011 年治超效果良好的 7 个测点 K 值的 95% 分位值与跨径的关系

7.0.4　车辆荷载用于桥梁结构局部分析计算和涵洞、桥台、挡土墙土压力等的分析计算，公路—Ⅰ级和公路—Ⅱ级汽车荷载采用相同的车辆荷载标准值。考虑到《标准》03 版颁布使用以来，车辆荷载能适应我国公路建设的需要，业内对此较为认可，故本次修订沿用《标准》03 版的规定，仍采用总重为 550kN 的车辆荷载。

7.0.5　汽车荷载的横向布置涉及荷载的横向分布系数的计算，由于历史的原因及其计算状况的复杂性，本次修订维持《标准》03 版的布置及其计算方法。

7.0.6　车辆实际行驶时，可能在行车道上，也可能在桥面的其他部位上，因此，要考虑桥面净宽内如何布载，使结构物获得最大荷载效应。

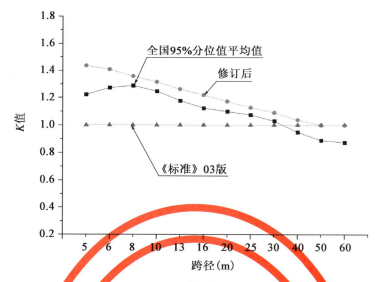

图 7-3　全国 K 值的 95% 分位值平均值与跨径的关系

布载宽度是为使桥梁获得最大荷载效应所作的规定，车辆实际行驶仍需要足够的行车道宽度。在确定横向布置车队时，两者均应考虑。在以往的桥梁设计中，常遇到这样的情况：单纯按标准横向布载的规定在桥面上布置车队数，而不考虑能使车辆正常行驶并使之保持一定行车速度所必需的行车道宽度。例如 9.75m 的桥面净宽，按布载宽度 3.10m（车厢宽 2.50m 加相邻车厢净距 0.6m）横向布载可布置 3 个车队，但按行车道宽度 3.50～3.75m 的规定，要设置 3 个布载车道至少需要有 10.5m 桥面净宽才能保证车辆正常行驶。显然尽管按布载宽度 3.10m 在 9.75m 桥面净宽上可布置 3 行车队，但按行车条件的要求是不合理的。

桥梁横向布置车队数 N 的规定，是以最小车道宽度 3.5m 控制的。当为单向行车道时，把 $3.5N$ 的桥面净宽作为其下限，$3.5(N+1)$ 作为上限，如采用 3 个布置车队数，则桥面净宽必须大于 $3.5 \times 3 = 10.5$m 而小于 $3.5 \times 4 = 14.0$m；当为双向行车道时，由于横向布置车队数必然为偶数，所以其下限仍然为 $3.5N$，而上限则为 $3.5(N+2)$，如采用两个布置车队，其桥面净宽的下限为 $3.5 \times 2 = 7.0$m，而上限为 $3.5 \times 4 = 14.0$m。对于四级公路，存在桥面净宽小于 7m 的双车道公路桥涵，故将双向行驶的两个设计车道数的桥面净宽的下限调整至 6m。

随着桥梁横向布置车队列数的增加，各车道内同时出现最大荷载的概率减少。因此，可从概率理论推导出汽车荷载横向布载时横向车道布载系数的计算公式，并结合我国实际情况提出相应的规定值。本标准中两车道及两车道以上的横向车道布载系数仍维持了《标准》03 版的规定，同时增列了单车道的横向车道布载系数。

从汽车荷载各车道横向分布的概率分析，单车道的横向车道布载系数应该比两车道大。如表 7.0.6-2 中两车道的横向车道布载系数为 1.0，3 车道为 0.78，4 车道为 0.67，那么单车道时的横向车道布载系数应该大于 1。

调研发现：英国、法国、美国、日本等国家均采用不同的方法对单车道汽车荷载进行了适当提高，表 7-1 为美国规范（AASHTO LRFD 2007）车道布载系数，表 7-2 为法国规范（CPC61-Ⅱ）车道布载系数。

表7-1　美国规范（AASHTO LRFD 2007）车道布载系数

加载车道数	1	2	3	>3
车道布载系数	1.20	1.00	0.85	0.65

表7-2　法国规范（CPC61-Ⅱ）车道布载系数

加载车道数	1	2	3	4	5
车道布载系数	1.20	1.10	0.95	0.8	0.7

日本规范（道路桥示方书—2012）中没有提出明确的多车道布载系数，但由于主荷重是从荷重的2倍，实际上也提高了单车道的荷载效应。

英国规范（BS 5400—2：2006）中没有提出明确的多车道布载系数，但其一个车道可以加载较重的HB荷载的模式实际上也提高了单车道的荷载效应。

经过研究和分析，本次修订单车道的车道布载系数采用1.2。

7.0.7　利用在4条国道干线公路上连续测得的汽车荷载参数，考虑特大跨径桥梁的受荷特点及我国现行标准车辆荷载的状况，将整理得到的车队荷载作为样本，通过计算机程序计算其在各种跨径（侧重于大跨径）的各类桥梁上的效应，并对这些效应进行了统计分析。

根据可靠度理论，可将通过桥梁的汽车荷载作为随机过程来处理，设计基准期取100年，以随机过程的截口分布为基础，求得设计基准期内的最大值分布。取最大值概率分布的95%分位值，得到随跨径变化的效应曲线，经线形回归得到汽车荷载纵向折减系数的计算公式：

$$\alpha = 0.97913 - 4.7185 \times 10^{-5} L_0 \tag{7-1}$$

式中：α——汽车荷载纵向折减系数；

L_0——桥梁计算跨径。

该曲线随L_0的增大递减率较平缓，为方便使用，提出简化规定值。

纵向折减系数从桥梁计算跨径$L_0 > 150m$起算，也就是特大桥（单孔跨径）才考虑折减。

7.0.8　通过大量的实际调查和对人群荷载随机过程概率模型的数理统计分析，得到了人群荷载随机过程的任意时点的分布和设计基准期内的最大值分布以及人群荷载的代表值。当取设计基准期内最大值分布的95%分位值时，人群荷载的标准值为3.0kN/m²。

各国规范关于人群荷载的表达，有的以结构跨径作为指标，也有的以加载长度作为指标，实际上两种表达方式各有利弊。本标准以结构跨径作为指标，人群荷载的标准值随结构跨径增大而予以折减，其低限值为2.5kN/m²。当桥梁单孔跨径小于50m，人群荷载标准值不折减时，取3.0kN/m²；桥梁单孔跨径大于或等于150m的特大桥，人群荷载取其低限值 2.5kN/m²；桥梁跨径居于 50～150m 之间的大桥，人群荷载随结构跨径的增加而线性递减。

考虑到与《标准》03 版的衔接，人群密集地区的公路桥梁一般情况下取人群荷载标准值的 1.15 倍；专用人行桥，人群荷载的标准值取 3.5kN/m²，这相当于设计基准期内最大值分布的 98% 分位值。

8 隧道

8.0.1 一般规定

近十年来，全国各地在隧道建设与运营过程中积累了大量的经验，并取得了显著的技术进步。本次修订借鉴、吸收国内外相关科研成果以及建设与运营经验，增加了隧道耐久、节能、隧道路面抗滑性能以及联络通道设置等规定，保障隧道建设与运营安全。

1 从长期运营来看，若对隧道进行频繁的维修、拆除与重建都会带来巨大的经济损失和社会影响，为此隧道设计需按全寿命周期考虑，满足安全、耐久、经济、节能、环保等要求，既要保证隧道结构与运营安全，使隧道结构与所处地质环境相适应，也要考虑施工方法的选择，方便运营管理与养护需要，满足隧道长期运营需要，同时还需避免因隧道建设导致隧址区生态环境恶化，如当隧道排水可能对附近生态环境产生较大影响时，隧道防排水设计需按照"以堵为主，限量排放"的原则，保护生态环境。

对于临近城市地区的隧道及水下隧道设计还要满足城市总体规划、路网规划、航道规划、岸线规划、交通功能的要求，并妥善处理与市政公用设施和城市轨道交通等的关系。

2 隧道位置的选择，直接影响着隧道的建设规模、结构设计、施工和工程投资，以及竣工后的运营安全和养护管理、运营成本，因此，隧道所在区域的地质勘察工作必须深入和细致，力求全面、准确。对于水下隧道还需掌握水域区段的水文条件、防洪标准、航道航运要求、水下地形、水下障碍物、河势演变分析等资料。

3 隧道高程及轴线的确定对控制建设规模至关重要。山岭隧道，对于越岭段需对不同的高程、纵坡、展线方式进行综合比选，沿沟（溪）线需对长隧道方案和隧道群方案进行比选。水下隧道，当采用盾构法修建时，其顶部覆土厚度、平行或交叉隧道的间距，需根据地质条件、埋置深度、结构安全、盾构性能、施工工艺等综合研究确定；当采用沉管法修建时，一般浅埋在规划航道及水域预测最深冲刷线以下。

4 是否采用隧道方案需结合社会、经济、地质、环保、工程造价等因素进行比选。一般当路基中心线处挖深达到30m时，需进行深挖与隧道方案的比较，比选不仅要考虑建设成本和建设难度，还要考虑建成以后车辆的行驶安全、行驶费用、环境保护以及运营管理和养护维修的费用。

"生态环境脆弱的地带或可能因施工造成生态环境难以恢复的地段"是指自然植被一旦被破坏，恢复困难或几乎不可能恢复的地段。对这些地区，需强调方案选择时环保因素优先的原则。

5 公路隧道交通事故发生频率较高，且集中于洞口段，其中，隧道内路面抗滑性能差、洞内外路面抗滑性能差异是一个重要诱因,为此提出了路面需具备足够抗滑性能的要求。当采用沥青混凝土复合式路面时,高速公路、一级公路交工验收时其表面层抗滑性能技术指标要求如表 8-1;当采用水泥混凝土路面时,其表面构造深度要求如表 8-2。洞内、外衔接路段是指紧邻洞口的洞外以及洞内相接、具有一定长度的路段。由于洞内外行驶环境的差异以及明暗适应的影响,驾驶员往往会在洞口段采取减速、加速等操作,若洞内、外路面抗滑性能差异大,车辆容易打滑,诱发交通事故,故提出了洞内、外衔接路段路面抗滑性能基本相同的规定。

表 8-1 沥青路面面层抗滑技术指标

年平均降雨量 (mm)	交工检测指标值	
	横向力系数 $SFC60$	构造深度 TD(mm)
>1 000	≥54	≥0.55
500~1 000	≥50	≥0.50
250~500	≥45	≥0.45

注:1. 横向力系数 $SFC60$——横向力系数测试车在 60km/h±1km/h 车速下测得的横向力系数。
2. 路面宏观构造深度 TD(mm)——用铺砂法测定。

表 8-2 水泥混凝土路面面层表面构造深度要求

公路等级	高速、一级公路	二、三、四级公路
构造深度(mm)	0.8~1.2	0.6~1.1

注:特重交通、重交通及急弯、连续长、陡纵坡段应采用较大值。

8.0.2 《标准》03 版隧道分类标准经过多年使用,已被广大设计、建设和管理人员所接受,仍对隧道建设与运营管理有指导意义,综合考虑公路隧道在勘测、设计、施工、养护和管理中的技术要求,本次修订对隧道分类未作调整。

8.0.3 1 公路隧道横断面由车道、左侧侧向宽度 $L_左$、右侧侧向宽度 $L_右$、检修道(或人行道或余宽)组成。左(右)侧侧向宽度为行车道左(右)侧标线内缘至左(右)侧最近行车障碍物间的距离,最近行车障碍物是指检修道或人行道或余宽的突起部位。

根据"公路隧道建筑限界指标研究"专题研究,隧道余宽的功能主要如下:一是发挥"护轮带"作用,防止车身凸出物刮擦隧道壁或交通工程设施;二是发挥"安全带"作用,提供富余量,保证行车安全;三是发挥"路缘石"作用,对偏驶车辆进行拦护,防止或减轻偏驶车辆对隧道墙壁及交通工程设施的冲撞和破坏,降低冲撞隧道壁对车辆自身的破坏;四是加宽了建筑限界与限高一致的顶部宽度,可减少车辆对侧壁的擦挂现象。结合余宽功能,当设置检修道或人行道时,余宽包含于检修道或人行道中;当不设置检修道或人行道时,单独设置,并凸出于路面。

本次修订将 100km/h 设计车速时隧道左侧侧向宽度调整为 0.75m,主要是基于车速快车辆偏移量大,有利于洞内外路基衔接,且增加造价有限。

2 高速公路、一级公路隧道由于设计速度高，交通量大，且养护要求高，因此要求在隧道两侧设置检修道。检修道宽度需根据公路等级、隧道长度、洞内管线数量和布置需求等确定。连拱隧道由于结构的特殊性，其左侧可不设检修道或人行道，但需设置余宽。二、三级公路隧道为混合交通，因此建议设置人行道，其宽度视隧道所在地区的行人密度、隧道长度、交通量、洞内管线布设等因素而定，同时兼顾洞内设施的检查需求。四级公路隧道可根据隧道所处位置和功能要求，考虑是否设置人行道，当不设人行道时需设置余宽。

3 考虑单车道隧道的改建和通行能力、交通安全等问题，四级公路一般不修建单车道隧道。

4 紧急停车带主要是用来停放故障车辆、检修车辆、紧急情况下救援车辆和救援人员用以进行紧急救援活动等，故山岭特长、长隧道内不设硬路肩或硬路肩宽度小于2.5m时设置紧急停车带是必要的。但考虑到紧急停车带对不同车道数隧道的重要性以及建设难度有所不同，提出单洞两车道隧道应设置紧急停车带，单洞三车道隧道宜设置紧急停车带的规定，但当地质条件差、加宽后施工风险很大、造价增加很高时，经论证后单洞三车道隧道可不设置紧急停车带，但应完善交通工程与救援设施。紧急停车带的设置应以侧向宽度外侧为起始，向外加宽，避免对正常行驶车辆造成干扰。近年来我国长车数量越来越多，为适应长车停车需要，将停车带有效长度由30m提高为40m。

5 四车道高速公路、一级公路上的短隧道以及城市出入口的中、短隧道建筑限界与路基同宽有利于提高车辆通过隧道的通行能力，保障行车安全，利于紧急救援，故本次修订提出了隧道与路基同宽的规定。

8.0.4 1 影响隧道行车安全的重要因素是视距，采用曲线隧道方案时，需对停车视距进行验算，尽量避免采用需加宽的圆曲线半径和长大下坡接小半径平曲线隧道的平面组合方案，保证隧道前后路线线形协调与均衡。水下隧道受施工工法限制，盾构隧道一般采用不设超高的大半径平曲线，沉管隧道一般采用直线。

2 由于光线的剧烈变化以及横断面宽度、路面状况和行车环境的改变，隧道进出口是事故多发地段，因此，洞内一定距离与洞外一定距离保持线形一致是必要的。"3s行程线形一致"的规定自实施以来，其必要性和作用受到肯定。线形一致的理想线形是直线和圆曲线，但实践证明，在地形条件特别复杂的地段，若过分追求理想线形，往往造成工程规模和造价大幅增加，或为满足3s行程将线形指标降低，采用小半径的圆曲线，反而使行车安全性降低。因此，本次修订提出特殊困难地段（采用直线或圆曲线造成工程规模急剧增加或行车安全性降低）经技术经济论证后可在洞口段布设缓和曲线，但需避免急剧的方向改变，注重线形的均衡协调性，同时采取相应的交通工程措施，保障行车安全。

3 通常情况下，隧道与路基建筑限界宽度不同，断面的变化易诱发交通事故，形成通行瓶颈，影响通行能力和服务水平，因此需采取交通工程或土建工程过渡措施，来解决路基和洞内路面宽度的顺适过渡问题，如设置标志、标线、安全护栏、警示牌、信号等，使驾驶员能预知并逐渐适应驾驶环境的变化，避免车辆冲撞洞门墙、电缆槽。

4~5 参照国外相关标准以及国内科研成果与运营经验，隧道最大纵坡一般不大于3%，当受地形、地质条件等限制，高速公路、一级公路的中、短隧道最大纵坡可适当加大，但通常不大于4%。隧道拟采用大于3%的纵坡时，需根据公路等级、隧道长度，考虑隧道所在地区的气候、海拔、主要车辆类型和交通流组成、隧道运营管理水平、隧道内安全设施配备标准等因素，对纵坡值进行论证与交通安全评价后，再慎重使用。

8.0.5 在山区公路建设中，遇到一些相邻洞口纵向间距很近的隧道，对于这种情况，可视为隧道群。对于隧道群，一般认为包含两类隧道：一类是洞口距离很近，相互有明显影响的隧道；另一类则是洞口距离较远，但呈连续分布的隧道。本次修订主要针对前一类隧道群。

通常认为，确定隧道群的主要因素取决于驾驶员的视觉适应特性。隧道路段驾驶员视觉特性试验结果表明，洞口段驾驶员瞳孔直径快速变化，以适应洞内外环境亮度差异（典型明暗适应过程如图8-1所示）。一般暗适应起点位于洞外，即从进洞前一定距离开始驾驶员已进入暗适应阶段（瞳孔直径开始增大），时间为进洞前2~4s；明适应在洞外有一定延续（瞳孔直径持续减小），出洞后1~3s。为此，可将明暗适应时间作为隧道群界定指标，即上游隧道明适应洞外段（1~3s）+下游隧道暗适应洞外段（2~4s），综合取6s。在此长度范围内，驾驶员视觉变化大，容易造成视觉信息不连续，对行车安全产生不利影响。

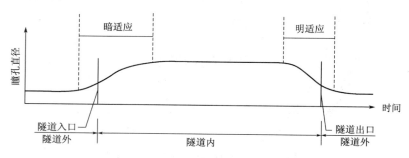

图8-1 公路隧道明暗适应过程示意图

在隧道群区段行车，较短的时间内频繁进出隧道，视线明暗变化以及行车环境的改变，对驾驶员的心理和生理均造成一定的影响；前一隧道行车出口排出的污染空气可能对后续隧道产生二次污染，并且山区自然环境条件较差，如雨雾多、冬季路面结冰等，造成洞内外环境差异大，存在一定的交通安全隐患；隧道群路段，往往桥隧相接，应急救援难度大。因此隧道群路段各隧道平纵线形、通风、照明、交通安全、运营管理以及防灾救灾等都不再是一个单独的体系，会对彼此产生不同程度的影响。

综上所述，本次修订提出洞口之间间距小于6s设计速度行程长度的相邻隧道，应系统考虑通风、照明、安全、管理等设施及防灾、救援等进行整体设计。考虑到驾驶员视觉明暗适应过程，根据需要可设置遮阳棚等光过渡措施，以降低明暗快速转换带来的不适感，避免发生交通事故。

8.0.6 1 交通工程及附属设施包括通风、照明、消防、通信与报警、交通监控、供配电、交通安全设施等，是实现隧道安全运营、达到服务水平的直接保障。配置的交通工程及附属设施不仅要满足隧道运营的需要，达到安全可靠、经济实用、节能环保的总体要求，还要与交通量与技术发展相适应，一次规划、设计，根据交通量发展情况分期实施。前期交通量较小时可前期配置、后期完善，以免设施规模偏大，造成设施闲置，同时也要考虑到有利于在发生事故或灾害时通过各类设施的协同联动使受损情况控制在最小范围内。

2 隧道洞口段由于断面突变易引发车辆冲撞洞门墙或电缆槽事故，为提高行车安全性，降低事故损失，提出需做好高速公路、一级公路隧道洞口两端连接过渡段的标志、标线、轮廓标及护栏的衔接过渡，必要时可在隧道入口设置防撞砂桶等防撞设施。

3 取消二级公路收费后，二级公路上的交通量尤其是大型车辆数量呈上升趋势。为保证交通安全，本次修订提出了根据需要在二级公路长隧道可设置监控设施的要求，以提高其运营管理水平。

5 公路隧道设置电光照明的目的是不间断地为驾驶员获得足够的视觉信息提供照明条件，防止因视觉信息不足而出现交通事故。结合目前隧道照明运营情况，本次修订调整了高速公路、一级公路隧道设置照明的起始长度。光学长隧道是指距洞口一个停车视距处，在道路中心线、离地面1.5m高位置不能完全看到出口的曲线隧道。

洞口段事故高发的主要诱因之一就是洞内外亮度显著差异而引起的视觉信息不足，因此，洞口段照明亮度的顺适过渡显得尤为重要。洞内外光线过渡，可采取设置人工强光过渡、设置光过渡建筑、洞外种植长青树木等措施。

6 通道包括人行横通道、车行横通道、平行通道、直接通向地面的横通道、洞外联络通道等，根据隧道土建设计以及救援需要进行配置。

7 隧道电力负荷通常根据供电可靠性和中断供电在社会、经济上所造成的损失或影响程度确定负荷等级。重要电力负荷包括：应急照明、电光标志、交通监控设施、通风及照明控制设施、紧急呼叫设施、火灾检测及报警控制设施、中央控制设施、消防水泵、基本照明、排烟风机等，其供电需可靠，故通常采用一级负荷，由两个独立电源供电。当一级负荷容量不大时，一般优先采用从邻近的电力系统取得第二低压电源，也可采用应急发电机组作为备用电源。对于隧道一级负荷中的关键负荷，如应急照明、电光标志、火灾检测与报警设施、监控系统电源等，除上述双重电源外，还要设置不间断电源装置（UPS）或应急电源装置（EPS）作为应急电源，并严禁将其他负荷接入应急供电系统。

8.0.7 隧道是封闭空间，救援难度大，为此要求遵循"预防为主、防消结合"的原则，制定隧道内发生交通或火灾事故的应急处理预案，包括交通组织、应急疏散、通风排烟、消防救援、监控系统的联动控制等内容，并定期进行应急演练，提高快速、有效处置以及逃生避险、自救互救能力，保证人员、车辆安全。

8.0.8 为满足日益增长的交通需求，保证公路的通行能力与服务水平，公路隧道改扩建问题愈来愈突出，本次修订对隧道改扩建做出了原则性规定。

  1 改扩建方案直接影响着隧道施工和工程投资以及运营安全，因此，需结合工程具体条件，进行多方案技术经济比较，合理确定改扩建方案。在满足技术标准的前提下，充分利用既有工程及设施，减少改扩建工程量。

  2 改扩建隧道标准通常按现行规范标准执行，但对利用既有隧道加固改造时，其建筑限界宽度一般会低于现行标准，若采用现行标准，必须对既有隧道进行扩挖、改建，工程量大、投资大、施工风险大。为降低施工风险、节省投资，提出隧道主体结构经过全面论证后可维持原技术标准。但隧道交通工程及附属设施需采用现行标准，加强交通安全保障与交通控制设施，并采取限速等措施，保障安全行车条件。

8.0.9 本次修订结合公路功能与重要性，以重视结构的长期耐久为导向，参照《混凝土结构耐久性设计规范》（GB/T 50476）的规定，同时考虑低等级公路隧道建设成本，对公路隧道设计使用年限做出了规定，以满足隧道结构长期稳定与正常运营需要。

9 路线交叉

9.1 公路与公路平面交叉

9.1.1 平面交叉是公路路网中的节点，其位置和形式的选定直接影响路网整体效益的发挥以及交通安全，因此平面交叉的选址和选型必须综合考虑各种相关因素，同时应体现安全第一的原则，保证相交公路的线形指标等平面交叉各组成要素都能满足其安全要求。

9.1.2 从调查研究中了解到，目前国内公路平面交叉的交通管理尚未得到充分重视，除信号交叉以外，许多用路者对其他交通管理方式及其规则尚不熟悉，导致平面交叉的交通状况较为混乱。因此，应对平面交叉的交通管理引起重视并在设计中明确其管理方式。一般来讲，当被交公路等级较低，交通量较小或相交公路中有一条为干线公路时，应考虑采用主路优先交叉；当各相交公路的功能和等级相同，交通量或行人数量很大时，可采用信号交叉；同时，信号交叉设置还应考虑交叉位置区域的电信设施条件；无优先交叉一般仅用于相交公路的等级很低、交通量不大的情况。

9.1.3 平面交叉处相交公路的交叉角度一般应采用正交或接近直角，当受条件限制不得已采用斜交方式时，交叉角度应大于45°。为保证平面交叉范围内的交通秩序和通行效率，同一地点的平面交叉岔数不应超过5条，一般应以三路和四路交叉为主。

9.1.4 从安全角度考虑，相交公路在平面交叉范围内应该有良好的线形和视距，因此其设计速度一般不得任意降低。当相交公路的等级和交通量相近时，其交通管理方式可能采用信号交叉或无优先交叉，此时主线的设计速度可适当降低。当为主路优先交叉时，次路的设计速度也可适当降低。

平面交叉内右转弯车道的设计速度过大，将难以保证相应的超高及其过渡段，同时也会明显增加用地面积；左转弯车道的设计速度过大，将会扩大交叉冲突面积，增加出现事故的概率。因此对右转弯和左转弯车道的设计速度应予控制。

9.1.5 根据各国研究，平交口是各类公路交通事故相对集中的区域。平交口数量越多、间距越小，对主线运行速度和安全的影响越大。本标准要求有条件时，应采取上游支路合并、加设辅道、合并部分平交口和增设立交等方式，减少二级及二级以上公路平交口的数量，加大平交口间距。

一级公路具有两种功能，但都允许设置平面交叉。为了优先保证承担干线功能的一级公路通畅，提高其运行速度和安全，应严格限制其平面交叉数量，严格控制出入，可采取合并、设置辅道等措施尽量加大平面交叉的间距；一级公路作为集散公路时，其平面交叉必须配以齐全、完善的交通安全设施。对于二级公路，可参考以上要求和原则进行设计。

9.1.6~9.1.7 由于我国人口密集地区乡村道路直接接入公路的现象较多，而此类交叉通常不具备平面交叉的安全条件，对公路交通安全产生了很大影响，因此，本次修订明确界定本标准中所述及的"平面交叉"一般系指等级公路间的平面交叉。而等级公路间的平面交叉（口）应进行平面交叉设计，并符合相关安全设计和指标要求。

平面交叉的渠化是提高安全性和通行能力的有效手段之一，对渠化的设置要求主要根据相交公路的功能和交通量而定。随着交通量的增长，非渠化交叉已难以适应，本标准要求三级及三级以上公路平面交叉均应做渠化设计，并实施渠化工程。与原标准要求相比较，扩大了要求实施渠化的对应技术等级范围。而对于三级公路而言，渠化工程主要是通过标线等方式实现，因此一般不会由此对工程建设和维养造成较大的费用影响。

平交口范围内的通视三角区停车视距是保证平交口设计安全性的关键要素。鉴于目前我国公路忽视平交口设计和安全检验的现状，本次修订要求各级公路的平交范围内应进行视线三角区停车视距检验。各类平交口范围内，无论是交通工程、路侧安全设施，还是行道树、乔灌木等绿化工程，均应消除对三角区视线遮挡的现象。

9.2 公路与公路立体交叉

9.2.1 互通式立体交叉和分离式立体交叉同属公路与公路立体交叉的两种不同形式，为便于理解和分类，本次修订把原互通式立体交叉和分离式立体交叉两节合并一节进行说明，并对设置互通式立交以及分离式立交的条件进行了梳理归并，把部分与设计关联紧密的条文移至相关专业规范中。本条重点说明几种设置立体交叉的条件。

1 高速公路是完全控制出入的公路，因其交通组织方式和安全性要求，不允许设置平面交叉，因而高速公路与各级公路交叉，均必须采用立体交叉。

2 尽管一级公路允许设置平面交叉，但当其与交通量大的公路交叉时，为提高一级公路主线和交叉处的通行能力，应采用立体交叉。

3 当二、三、四级公路之间相互交叉时，如交叉处各线的交通量以直行交通量为主，转向交通量很小时，宜视条件选用立体交叉。

9.2.2 本条是在第9.2.1条设置立体交叉条件的基础上，进一步说明设置互通式立体交叉的条件。本条文主要根据"公路与公路交叉技术标准"专题研究成果修订。

选定互通式立体交叉的位置要考虑的主要因素首先是路网分布与路网系统的主要节

点，即主线与沿线主要公路的相交点和与主要交通发生源连接线的相交点。其次是主线和被交叉公路条件，要求交叉范围内的主线技术指标，如出入口端部的视距和主线横坡等，能提供安全的分合流条件并能与匝道顺适连接；被交叉公路则应具有与互通式立体交叉出入交通量相适应的通行能力，并能为交通发生源提供近便的连接。此外，还应考虑地质和地形条件，以及用地、文物、规划、景观和环保等社会和环境因素。

高速公路设置互通式立体交叉的条件主要是交通条件和社会需求。一是在其影响区域内有适量的交通发生源；二是其附近有重要的政治、经济中心或交通集散地。专题研究结果表明，交通发生源的大小可以间接用影响区域内人口数、GDP和客货运量等来衡量，其中人口数是一个最主要的指标。根据国内统计资料，一座互通式立体交叉直接影响区域内的人口在4.5万~10万人之间。而当社会因素成为设置互通式立体交叉的主要条件时，交通量的大小可能不是控制因素，但也应有一定的数量，以保证其具有基本的综合效益。本条文提出的互通式立体交叉设置条件，是指在这些情况下首先要考虑的设置地点，最终的设置还要综合考虑沿线交通流的组织和互通式立体交叉的合理间距等。

一级公路设置互通式立体交叉的条件除交通条件和社会需求外，当综合效益与修建平面交叉相当或更好时，亦应考虑设置互通式立体交叉。在设置条件的掌握上，当一级公路作为干线公路时，只要满足规定的条件就应设置互通式立体交叉，以减少横向干扰；当一级公路作为集散公路时，如果交通条件允许且平面交叉的间距满足规定要求，互通式立体交叉的设置亦可适当从严掌握。

9.2.3 本条在第9.2.1和9.2.2条的前提下，说明设置分离式立体交叉的条件。

高速公路除互通式立体交叉外，其余交叉必须设置分离式立体交叉。

一级公路设置分离式立体交叉的条件主要是交通条件，即主要取决于平面交叉是否能处理来自于各向的交通量。当一级公路作为干线公路时，应优先保证主线直行交通的通行。由于分离式立体交叉不能提供交通转换的条件，因此该交叉的交通转换需求应该是可以忽略的，否则应通过其他措施将转弯交通引至其他平面交叉或互通式立体交叉。

9.2.4 本条对互通式立体交叉形式间距、匝道设计速度和匝道车道数确定等做出规定。

互通式立体交叉按照功能分为枢纽互通式立体交叉和一般互通式立体交叉。枢纽互通式立体交叉主要指高速公路相互交叉的互通式立体交叉。枢纽互通式立体交叉，要求匝道能尽量为自由流提供条件，交叉范围内的各向交通流无交叉冲突。一般互通式立体交叉则主要指高速公路或一级公路与双车道公路相交叉的互通式立体交叉。当高速公路与一级公路、一级公路与一级公路相交叉时，一般亦为枢纽互通式立体交叉。如果因为设置收费站等而采用的是一般互通式立体交叉形式，也应归为一般互通式立体交叉。

在拟定互通式立体交叉的形式时，交叉公路的功能、总出入交通量、收费制式以及是否合并设置收费设施等决定了互通式立体交叉的基本类型。地形、地质、用地规划和施工期间维持临时通车等现场条件、直行和转弯交通量的分布以及是否需分期修建等决定了匝道的具体布局。同时，还要考虑其安全、环境和经济等因素。

1 互通式立交的最小间距

专题研究成果表明，高速公路的安全和运营性能在很大程度上取决于互通式立体交叉的间距。一方面，在高速公路交通事故中，有很大一部分发生在互通式立体交叉范围内，特别是进出口匝道和变速车道范围内。如果互通式立体交叉的间距过小，事故率的增大是显而易见的；另一方面，如果过分强调加大互通式立体交叉的间距，又会使高速公路与当地路网难以有机联结，从而影响高速公路的骨架作用和路网整体效益的发挥。因此，在互通式立体交叉的规划和设计中，间距的控制十分重要。

互通式立体交叉的最小间距是保证交通安全的一项控制性指标。研究结果表明，当相邻互通式立体交叉间的距离超过设置3个出口预告标志所要求的距离时，间距的大小对安全几乎没有明显的影响，因此最小间距的确定主要取决于标志设置的需要，即最小间距等于两互通式立体交叉相邻侧的构造长度加上标志设置所需要的距离。在确定枢纽互通式立体交叉和一般互通式立体交叉的平均构造长度时，统计分析了国内153座互通式立体交叉的资料，同时对比分析了大量的立交模型，再经综合分析后取值。最后计算得出的互通式立体交叉一般最小间距为3.9km，标准中取值4.0km，即规定相邻互通式立体交叉的间距不宜小于4km。此值与德国、日本等国的规定值相近或相同。且要求对于路网密集地区，有条件时应尽量加大互通式立交间距。

当间距达不到一般最小间距的要求时，即使在相邻互通式立体交叉之间增设辅助车道，也会因频繁的交通合流与分流等导致运营问题和事故率的增加，因此小于一般最小间距的方案不得轻易采用。

若因交通需要和受条件限制必须设置近距离的互通式立体交叉时，应经技术经济论证并有切实可行的安全保证措施时，本标准规定互通式立体交叉的最小间距应以相邻互通式立体交叉之间的净距离（即上一互通式立体交叉加速车道终点至下一互通式立体交叉减速车道起点之间的距离）进行控制。该净距离的确定主要取决于维持相邻互通式立体交叉间交通流稳定的需要。专题研究结果表明，车辆从减速车道起点开始对上游主线直行交通的影响长度约为600m，从加速车道终点开始对下游主线直行交通的影响长度约为500m。再结合最少设置两个出口预告标志所需要的距离等因素考虑，规定两相邻互通式立体交叉之间的净距离最少为1000m。对于按照此要求进行间距实际控制的互通式立交区域，本次修订增加要求：应进行交通工程设施专项设计，应设置完善、醒目的标志、标线和警示、诱导设施，最大限度消除互通式立交区域分、合流交通流交织而可能产生的行车安全问题。

在特殊情况下，如果净距离小于1000m的规定值，则应设置成复合式的互通式立体交叉，以辅助车道或集散道路将两互通式立体交叉直接连接，或将两座互通式立体交叉合并为一座进行设计。无论哪种方案，辅助车道、集散道路或交织段均应确保交通交织所需要的最小长度，并应尽可能合并出入口。

2 互通式立交的最大间距

互通式立体交叉的最大间距是为满足管理、维修和错过出口车辆折返的需要。在人烟稀少地区，当在规定的最大距离范围内确无必要设置互通式立体交叉时，应在适当的位置设置专供汽车掉头用的U形转弯车道。在设置转弯设施时，应尽量利用主线桥孔和服务设施等。

在规划高速公路互通式立体交叉时，尚应注意互通式立体交叉的合理密度。合理的互通式立体交叉密度，既可以充分发挥高速公路的效益，同时又能保证高速公路的车流保持相对稳定的状态。互通式立体交叉的密度与高速公路影响区域内的交通需求有关，其衡量指标主要是平均间距。专题研究在统计了国内155条段高速公路互通式立体交叉平均间距的基础上，提出了在规划阶段可供参考的范围，即高速公路互通式立体交叉的平均间距在一般地区为15~25km，在大城市周围和主要工业区为5~10km。

3　互通式立交与相关设施间的距离

互通式立体交叉与服务区、停车区、客运汽车停靠站和隧道等其他重要设施相邻时，控制其最小间距时所考虑的因素仍为满足标志设置的需要和维持其间交通流稳定的需要等。

4　互通式立交的匝道设计速度

匝道设计速度是指匝道基本路段的设计速度，应结合主线设计速度、互通式立交功能、类型和匝道的形式论证确定。匝道设计速度确定，概括起来讲一般有两种方法：一种是根据互通式立体交叉的类型和匝道形式取值；另一种是根据主线的设计车速取值。前者是国外最常用的方法。本次修订依据专题研究成果并综合了国内外经验，根据互通式立体交叉类别和匝道形式提供了匝道设计车速的取值范围，在实际使用中尚应结合主线设计速度予以确定。

5　互通式立交匝道的车道数确定

匝道车道数除主要依据交通量来确定外，还应考虑匝道的长度。对于较长的单车道匝道，应考虑为快速车辆提供超车的条件，必要时可增加至两条车道。

9.2.5　在进行分离式立体交叉跨线桥布孔时，往往仅注意到了跨路的需要，当被跨公路位于曲线段时，仅满足桥下公路宽度的要求就有可能造成视距的不足。因此，从安全出发，本标准将视距等要求提到了与建筑限界的要求同等重要的地位。

9.3　公路与铁路相交叉

9.3.1~9.3.2　设置公路与铁路立体交叉是消除平交道口安全隐患的主要途径，因而铁路与公路交叉应优先考虑设置立体交叉。

高速公路为控制出入公路，一级公路为根据需要控制出入的公路，与铁路交叉时必须设置立体交叉。

路段旅客列车设计速度140km/h的地段，列车速度高、密度大，若设平面交叉安全性很差，因此同公路交叉亦必须设置立体交叉。本条修订增加了"高速铁路"的内容。

9.3.5 公路、铁路平面相交时,应以正交或接近正交为宜。当必须斜交时,交叉角应大于45°,以缩短道口的长度与宽度,避免小型机动车和非机动车的车轮陷入铁轨轮缘槽内。

汽车驾驶者侧向最小瞭望视距是指汽车驾驶者在距道口相当于该级公路停车视距并不小于50m处,应能看到两侧铁路上火车的范围。火车司机相对应的最小瞭望视距如表9-1。

表9-1　最 小 瞭 望 视 距

路段旅客列车设计行车速度 (km/h)	火车司机最小瞭望视距 (m)	汽车驾驶员侧向最小瞭望视距 (m)
140	1 200	470
120	900	400
100	850	340
80	850	270

9.4　公路与乡村道路相交叉

9.4.1　公路与乡村道路交叉,一方面影响公路沿线群众生产和生活的便利性,另一方面也直接关系到公路行车安全和沿线群众的生命财产安全。由于我国部分人口密集地区乡村道路直接随意接入公路的现象较为普遍、对公路交通安全影响大,因此,应限制乡村道路随意接入公路的现象,有条件时应尽量结合规划,对乡村道路和农业机耕道进行适当调整和归并。

9.4.2　各级公路、乡村道路交叉时,选择交叉方式的原则为:高速公路与乡村道路交叉,必须采用分离式立体交叉。一级公路与乡村道路交叉时,若一级公路作为集散公路,一般采用平面交叉,也可利用辅道合并交叉数量,必要时设置分离式立体交叉,其目的是控制平面交叉的数量和间距,尽量减少横向干扰,增强行车安全和提高道路通行能力;若一级公路作为干线公路,应根据需要严格控制出入,设置分离式立体交叉。二、三、四级公路与乡村道路交叉时,一般采用平面交叉。乡村道路与等级公路平面交叉时,应对其前后一定范围进行改造,使其不低于四级公路标准。

9.4.3　本标准规定的各类通道的净高、净宽要求均为适用一般情况下的低限值。具体项目中宜根据通道功能和实际通行交通特征,在调查分析的基础上确定合理的净高和净宽值。

9.5 公路与管线等相交叉

9.5.1~9.5.5 本节条文修订依据2011年7月1日起执行的《公路安全保护条例》（中华人民共和国国务院令，第593号）的规定。同时，修订参考了最新的相关行业标准、规范，如：《1 000kV架空输电线路设计规范》（GB 50665—2011）、《110kV~750kV架空输电线路设计规范》（GB 50545—2010）、《±800kV直流架空输电线路设计规范》（GB 50790—2013）、《油气输送管道穿越工程设计规范》（GB 50423—2007）、《输气管道工程设计规范》（GB 50251—2003）、《输油管道工程设计规范》（GB 50253—2003）等，对原条文规定值进行了核对和补充。

9.6 动物通道

9.6.1~9.6.2 本条从公路沿线生态环境保护的角度，对公路动物通道和放牧便道等做出了要求。公路在可能阻碍野生动物正常迁徙通道时，应考虑设置合理的动物迁徙通道。同时，应考虑沿线群众生产、放牧等需要，设置必要的便道和牧道。

10 交通工程及沿线设施

10.1 一般规定

10.1.1 交通工程及沿线设施是公路的重要组成部分。其建设规模与技术标准对于发挥公路功能、保障行车安全、提高服务水平和通行能力都有非常重要的作用，要求根据公路网规划、公路的功能、等级、交通量、运营条件等综合论证确定。这里的综合论证是指要在考虑技术、经济、环境等条件的同时还要结合我国公路的建设经验进行综合论证，能够准确反映我国公路建设的实践经验，可操作性强，同时适应我国东西部地区不同经济水平的发展需求。

10.1.2 交通工程总体设计是公路工程总体设计的重要组成部分。强调交通工程及沿线设施与公路主体工程总体设计的协调一致，要求各种设施之间应相互匹配、协调统一、互为补充，使其布局和方案合理，并与主体工程有机衔接，发挥公路整体效益。

10.1.3 由于交通工程及沿线设施是保障行车安全、提升服务水平、提高通行能力、强化管理的必要设施，是公路现代化、智能化的重要标志，应在总结我国公路特别是高速公路，在交通安全、服务、管理等设施建设运营维护等方面的经验与教训的基础上，充分吸收国外先进技术，并保持相对的延续性、先进性、前瞻性，按照"保障安全、提供服务、利于管理"的原则进行设计。

10.1.4 公路交通工程及沿线设施由交通安全设施、服务设施和管理设施组成，这些设施应按统筹规划、总体设计的原则配置，其最重要的是做好前期的总体规划设计，确定系统的设置规模，一次性征用土地和实施基础工程、地下管线及预留预埋工程等，依据技术发展和交通量增长情况等分期配置设备，逐步补充完善，最终形成系统规模。

10.2 交通安全设施

10.2.3 理想的公路条件、交通条件、环境条件是保证交通安全出行的三大因素，公路交通标志的设置反映了上述条件的真实信息。公路交通标志是以不熟悉周边路网体系但对行驶路线有一定规划的公路使用者为对象，综合考虑周边路网与公路技术等级、交通量、交通组成、设计速度、气象和环境条件等因素，根据公路的功能、驾驶员的行为特征和交通标志的类型，合理设置。

交通标志的信息内容根据行动点的距离需要逐级转递，通过重复设置或连续设置的方式加强公路使用者对信息的认知。如互通式立交出入口指引系列标志信息通过逐级指引，具备一定的连续性。同一位置的标志信息内容，信息量太大，会影响辨认效果和行车安全，所以内容需要甄选，为正常速度行驶的公路使用者提供容易识别和理解的信息。

调研中，关于平面交叉口的安全问题，各地反映比较强烈，主要是认为平面交叉口的物理渠化和安全设施设置不够完善，无信号设置，路权优先指示（停车让行标志、减速让行标志）不明确或者缺乏等。因此，平面交叉口的标志要结合平面交叉口的交通渠化，考虑相交公路的路权分配和地点名称信息，设置完整的警告、禁令、指示、指路标志和必要信号灯、警示灯等设施。

标志视认性主要是指标志文字及符号的可见性和易读性，就版面内容而言，包括了字体、高宽比、笔画粗细、字频、间隔、行距、符号的轮廓大小等。因此交通标志一般设置在车辆行驶方向驾驶员最容易看到的位置，如设置在行车方向右侧、左侧和行车道上方。不同标志设置时要协调前后标志之间的位置，避免相互遮挡。标志设置路段有监控设施、照明设施时，也要协调相互位置，避免被遮挡。多车道公路标志设置时，还要考虑内侧车道被外侧车道大型车辆遮挡的情况，在行车道内侧或上方采用门架式的支撑结构增设必要的标志。

10.2.4 1~3 公路路侧净区的宽度与公路的交通量、运行速度、平曲线半径和路基边坡坡度有关。公路路侧净区的宽度不满足安全要求，净区范围内有无法移除的障碍物时，应按护栏设置原则确定是否设置护栏。《公路护栏安全性能评价标准》（JTG B05-01—2013）将护栏的防护等级分为八级。各等级公路进行公路护栏的设计时需根据路侧危险程度选择相应的防护等级。当路线采用最小值或低限的技术指标时，完善安全及防护设施。在急弯、陡坡、连续下坡、视距不良、路侧险要、桥梁、高路堤、悬崖、深谷、深沟、江河湖泊等路段，结合路侧安全净区情况设置相应防护等级护栏。

4 为防止车辆穿越中央分隔带闯入对向车道，减少二次事故，需要设置中央分隔带护栏。调研中部分省份对于小于12m的中央带，采取低于主线的路基形式，并采用铺设沙砾、植草树等缓冲设施，使车辆驶入后能陷入、阻挡并停驶。如果这种方式经论证、实验后能够满足阻止车辆越过中央分隔带驶向对向车道时，也可以采用。

6 经调研，中央分隔带开口处的活动护栏、不同等级和形式的护栏过渡段以及护栏的端头部位的事故率较高，主要是因为这些路段的防护等级不能满足一定的防撞要求。

10.2.5 视线诱导设施可分为轮廓标、分合流诱导标、线形诱导标三种。轮廓标以指示公路线形轮廓为主要目标，诱导驾驶员视线，使行车更安全、舒适。轮廓标设置于一般路边。隧道内一般设置在隧道壁和检修道顶部。

10.2.6 高速公路和需要控制出入的一级公路，专供汽车行驶且车速较高，为防止行人、牲畜误入公路，保证行车安全，需要设置隔离栅禁行封闭，禁止行人、牲畜进入这些公路。天然屏障指公路路侧遇到水渠、池塘、湖泊等天然阻隔或桥梁、隧道等。针对不同方式做出专门的端头围封。

10.2.7 防落网包括防落物网和防落石网。防落石网设置时应根据路堑边坡的地质条件和土体、岩石的稳定性，经计算在公路建筑限界内有可能落石并影响安全的路段设置。

10.2.8 防眩设施主要包括防眩板、防眩网和植树防眩三种形式。设有中央分隔带的公路，夜间交通量较大，行车产生眩光影响对向车道行车时，设置防眩设施可对眩光产生遮挡，提高行车安全和舒适性。

一级公路平面交叉口位置设置防眩设施时，容易对转向车辆产生遮挡，导致交叉口的视距不良，因此该处的中央分隔带开口两侧防眩设施的高度可在两侧一定范围内逐步降低，对于设计速度大于或等于80km/h时采用100m长度，设计速度60km/h时采用60m长度，防眩设施由正常高度降至开口处的0高度。

10.2.11 防风栅一般设在公路上路侧横风与公路轴线交角大于30°，且设计速度大于或等于80km/h的公路上常年存在风力大于七级路段，或者设计速度小于80km/h的公路上常年存在风力大于八级的路段。

防雪栅一般设在风雪量较大且持续时间长、风向变化不大的路段。积雪标杆一般设在降雪量较大且持续时间长，而且积雪覆盖行车道的公路路段。

10.3 服务设施

10.3.1～10.3.2 服务设施是公路交通运输体系的基本组成部分，是体现公路交通文化的窗口。服务设施应依据路网规划、公路服务水平和交通量的增长情况，全省或区域内总体规划，区分功能和规模大小，有重点、分层次地分期建设。

本次修订延续《标准》03版的原则，服务设施包括服务区、停车区和客运汽车停靠站。可结合服务区、停车区的地理位置和人文环境在服务区、停车区内设置观景台。

设置客运汽车停靠站时，还要结合公路项目所在地区的公路运输规划和对公共交通客运路线及停靠站点规划。调研公路运输管理部门的实际需求，避免不适应的情况。

10.3.3～10.3.4 在关于服务区间距的调研中，不同地域和经济发展水平的省份意见不同。从调研问卷的统计分析来看，有的认为15～30km的服务设施设置间距过密，有59.3%的人认为服务区的合理间距为50km，有56.99%的人认为服务设施之间的合理间距在15～30km。大多数意见基本上与《标准》03版是一致的。

戈壁、荒漠地区人烟稀少，水、电、气资源缺乏；山区高速公路由于地形复杂，服务设施选址困难，满足50km的设置间距非常困难。交通运输部交公路发〔2012〕400号"关于西部沙漠戈壁与草原地区高速公路建设执行技术标准的若干意见"中，也明确规定了"对于交通量较小，供水、供电困难路段，其服务区间距可适当加大。"

《日本高速公路设计要领》（1991年版）规定服务设施之间的标准间距为15km，最大间距为25km；服务区之间标准间距为50km，最大间距为100km；美国的服务设施间距一般为65~80km；德国的高速公路服务站平均52km一处，加油站平均30km一处。

综上所述，规定服务区的基本间距仍为50km，停车区基本间距15~25km，对沿线水、电、气供应困难地区可适当加大。

调研中还有很多省份反映服务区内应提供气象信息、路况信息、互联网接入服务、银行服务等服务。编写组认为宜根据服务区所在的位置节点和沿线服务实际需求由公路建设项目论证确定是否设置这些功能，也鼓励有条件和有需求的公路建设项目设置，以提升公路的服务能力和水平。

10.3.5~10.3.6 从调研结果看，各地对一、二级公路服务设施的需求明显，特别是运距较长的公路或旅游公路，对服务设施需求更加突出。一些省份根据实际需求已在这些公路上设置了服务设施，如陕西省公路局针对二级公路上没有服务区，陕北、陕南等很多干线公路如厕难的问题，在国道312、210、316、108等干线公路上，规划、建设了50多个卫生服务区。服务区造型新颖、干净卫生、标志鲜明，大大方便了驾乘人员，丰富了公路内涵。

关于客运汽车停靠站，调研结果表明，浙江、江苏、湖北等经济发达地区，建议结合城乡公交一体化的发展，在等级公路断面中考虑客运汽车停靠站的设置，明确加减速车道及站台长度，并与公路建设同步实施完成。浙江省近几年实施的公路项目均考虑了港湾式客运汽车停靠站，间距不等，位置多靠近村镇附近。调研中普遍认为高速公路主线设置客运汽车停靠站不利于安全、难以管理。目前我国高速公路几乎没有在主线上设置的情况，个别项目虽然有设置，但后期运营中也未使用。因此本次修订不建议在高速公路主线设置客运汽车停靠站。如需设置时，可结合服务区论证设置，也可结合互通式立交和收费站，设置在公路收费站前的连接线上或被交公路上。

10.4 管理设施

10.4.1~10.4.2 确定监控设施规模和内容的主要因素有：运营管理、交通量、服务水平、通行能力、交通组成、公路条件、建设投资等多个方面，很难定量描述。本次修订，主要基于我国公路通行能力和服务水平的现有理论基础，根据交通运营管理和交通安全的需要，从功能要求、适应范围等各方面，针对所有公路，将监控设施规模分为A、B、C、D四级。A级主要适用于采用全程监控的高速公路；B级主要适用于采用分段监控的高速公路；C级主要适用于作为干线的一、二级公路，采用特殊路段监控或重点区域监控；D级主要适用于集散公路和支线公路，采用点式监控。这种分类方法，不再以交通流密度指标作为分类依据，而是以公路功能为基础，重点体现交通安全、运营管理以及应急救援三大需求，并与公路等级对应，以便设计过程中执行。

10.4.3 1 随着交通智能化的发展，ETC收费是智慧交通发展的需求，也是解决我国收费广场拥堵的最有效手段。ETC收费系统只有规模化才能发挥其效益。目前，京、津、冀、鲁、晋和沪、苏、浙、皖、赣、闽已实现华北、华东两大地区的ETC系统联网，全国除西藏自治区外，所有省份均设置了ETC收费系统。交通运输部要求，到2015年底实现全国ETC系统联网。未来随着技术的发展进步，还会实现多车道自由流的不停车收费系统。因此，本次修订规定新建的收费设施应同步建设ETC车道。

2 收费公路跨省建设时，需要设置主线收费站。综合考虑占地、投资和服务等因素，合建主线收费站的方式优于两省各自单独建设全幅主线收费站。合建方式主要有两种模式：一种为两省合建全幅收费广场模式；另一种为省界双方选择合适地点（可能在某一方境内）各建半幅收费广场模式。

3 本次修订，根据我国公路发展现状和趋势，结合我国目前收费广场建设现状和多数省份的实施经验，将收费机电设施的计算交通量调整为与收费土建计算交通量一致。对应收费机电、收费土建和征地收费车道数计算交通量取值年份规定的用词上分别采用了"可"、"宜"、"应"，选用时各地区可根据自身的建设现状确定合适的计算年份。一级公路收费车道数的计算中，收费机电设施取值年份宜选用5年。

4 从我国对超限超载车辆的治理效果来看，计重收费是限制超载车辆的有效方式。目前，我国除西藏、海南外，其他省份地区均已实现货车计重收费。

10.4.4 2 关于管道租赁情况，根据调研结果，各省情况不完全相同。有些地区容量需求多达18~24孔，有些地区的管道仅使用了用于基本业务的2~3孔，有50%以上的空置。因此本次修订不再规定通信管道的数量，宜根据实际的使用需求确定，并保证省际之间联通。

10.4.5 2 以往在公路建设中，施工用电的变配电设施、高压输电线路工程在项目建设完成后大部分进行了拆除甚至废弃，但随后又要重新建设道路营运时需要的变电所或高压输电线路，两个时期的建设需求没有兼顾，重复建设、资源浪费。对公路交通工程及沿线设施在建设和运营时期的用电负荷进行统筹分析，做到"永临结合"是近年多个省份公路建设中推行的措施，能够较好地减少基础设施的重复建设，避免浪费，体现了节约和可持续科学发展理念。本次修订规定，供配电系统、高压输电线路工程应施工临时用电和运营永久性用电相结合实施。

3 调研问卷结果显示，69%的意见认为：公路收费广场、互通式立交、大桥、隧道、避险车道有必要设置照明设施。有65%的意见认为现有收费广场等道路照明开启和关闭时间合理，但控制方式灵活性较差。

从实际工程建设看，多数公路工程基本按照《标准》03版的规定，在公路收费广场、服务区设置照明设施，位于城市出入口路段的互通立体交叉、特大桥设置照明设施。在非城镇化互通立交和特殊大型桥梁中设置照明的项目日益减少。即使设置照明，规模也在不断减小，因为互通立交区和桥梁照明对夜间行车安全的增强作用不大，但却需要投入大量建设资金和运营管理费用。

随着人们对道路运营安全意识的日益提高，公路沿线出现了检测点（站）、避险车道等重要的管理、安全防护和救护类设施，更多的道路使用者希望在这些路段设置照明设施，满足安全方面的需要。另外，机场高速公路、环城高速公路由于靠近城区，夜间交通量较大，在建成的项目中基本上都设置了照明设施。因此本次修订增加了在检测点（站）、紧急避险车道等重要段落设置照明设施的要求，互通立交区、桥梁、机场高速公路、环城高速公路可按经济条件和路网特征慎重选取指标，合理设置照明设施规模。